CW01651259

Je m'appelle.............

Nom ....

Prénom..

Adresse ....

Ville ....

Code Postal...

Téléphone ....

PHOTO

Collège..

Classe...

Professeur de français...

EMPLOI DU TEMPS   TIMETABLE

	lundi	mardi	mercredi	jeudi	vendredi	samedi
1						
2						
3						
4						
5						
6						

DEVOIRS   HOMEWORK

	lundi	mardi	mercredi	jeudi	vendredi	samedi
1						
2						
3						

CONTENTS

Please note the following points:

- * These verbs take **être** in the perfect tense. (see pages 61-62)
- † These **-er** verbs are broadly regular in pattern, but have variations in some tenses. (see pages 60-61)
- *irreg* These verbs are irregular and must be learned. (see Verb Table pages 63-66)
- *refl* These verbs are reflexive verbs. (see page 59)
- (f) Nouns like **l'école** followed by (f) are feminine.
- (m) Nouns like **l'homme** followed by (m) are masculine.
- (fpl) Nouns like **les vacances** followed by (fpl) are feminine plural.
- (mpl) Nouns like **les devoirs** followed by (mpl) are masculine plural.
- The feminine form of the adjective is given in brackets after the masculine form, except when they are identical. For a full table of adjectives see pages 52-55.
- Some common words appear in more than one list, if they could be used in more than one situation.

IN THE CLASSROOM

Généralités — General

l'élève (m)(f) .... pupil
l'étudiant (m), l'étudiante (f) .. student
le professeur .... teacher
la chaise .... chair
la fenêtre .... window
le mur .... wall
le plafond .... ceiling
le plancher .... floor
la porte .... door
le stylo à bille .... ball-point pen
la table .... table
le tableau (noir/blanc) .... (black/white) board

le bulletin .... report
le cahier .... exercise book
la calculatrice .... calculator
le contrôle .... test
le cours .... lesson
le crayon .... pencil
les devoirs (mpl) .... homework
l'emploi du temps (m) ...... timetable
l'exemple (m) .... example
la faute .... mistake
le feutre .... felt tip pen, marker
la gomme .... rubber
le livre .... book
le manuel .... text book
la note .... mark
l'ordinateur (m) .... computer
le papier .... paper
la phrase .... phrase, sentence
le problème .... problem
la règle .... ruler, rule
la réponse .... answer
le stylo (à encre) .... pen
le tableau .... picture
l'uniforme (m) .... uniform

Le professeur dit: The teacher says:

Entrez dans la salle de classe *Come/Go into the classroom*
Ferme la porte/la fenêtre, s'il te plaît *Close the door/the window, please*
Asseyez-vous *Sit down*
Doucement! *Quieten down!*
Silence! *Silence!*
Je vais faire l'appel *I'm going to call the register*

Sortez vos cahiers/classeurs *Get out your exercise books/folders*
Prends/Prenez le manuel de français *Pick up your French textbook*
Ouvrez à la page 32 *Turn to page 32*
Lis/Lisez le texte *Read the text*
Cherche/Cherchez ... dans le dictionnaire/dans le vocabulaire *Look up ... in the dictionary/vocabulary*

Écoutez (la cassette)! *Listen (to the tape)!*
Répétez *Repeat*
Encore une fois, tout le monde *Once more, all of you*
Répondez aux questions *Answer the questions*
Depuis quand apprends-tu le français? *How long have you been learning French?*

Le professeur dit: (suite) The teacher says: (cont)

Regardez le tableau (noir/blanc) *Look at the (black/white)board*

Écrivez la date. C'est le huit septembre *Put the date. It's September 8th*

Quel jour sommes-nous aujourd'hui? *What is the date today?*

Écrivez le titre *Put the title*

Soulignez avec une règle *Use a ruler to underline*

Numérotez de un à cinq *Number from one to five*

Complétez l'exercice numéro 2 *Finish exercise 2*

Complétez les phrases *Finish the sentences*

Corrigez votre travail avec un stylo vert *Correct your work with a green pen*

Épelle le mot "cahier" *Spell the word "cahier"*

Cochez la case *Tick the box*

Vrai ou faux? *True or false?*

Choisissez la bonne réponse *Choose the right answer*

C'est juste! *Right!*

Fermez vos cahiers *Shut your exercise books*

Passez les cahiers à Chris, s'il vous plaît *Pass the exercise books to Chris, please*

Ramassez les cahiers *Collect the exercise books*

Apportez-moi les cahiers à la salle des professeurs *Bring the exercise books to me at the staffroom*

Choisis une carte, s'il te plaît, Chris *Chris, choose a card, please*

Choisissez une personne *Choose someone*

Travaillez par groupes de deux personnes *Work in pairs*

Travaillez avec votre partenaire *Work with your partner*

Préparez un dialogue *Work out a dialogue/role play*

Copiez les devoirs dans vos cahiers *Write down the homework in your exercise books*

C'est pour mardi *It's for Tuesday*

Apprenez la liste de vocabulaire *Learn the list of words*

Vous le ferez pour demain *You will do it for tomorrow*

C'est pour un contrôle, jeudi prochain *There will be a test on it next Thursday*

Comprenez-vous? *Do you understand?*

Taisez-vous! *Stop talking!*

Dépêchez-vous! *Hurry up!*

Rangez vos affaires! *Put your things away!*

Levez-vous! *Stand up!*

Mettez les chaises sur/sous les tables *Put the chairs on/under the tables*

Viens me voir demain matin à neuf heures *Come and see me tomorrow morning at 9*

Le professeur corrige les copies: The teacher's comments:

Tu as dix-sept sur vingt *You got 17 out of 20*

Tu n'as que cinq sur vingt *You only got 5 out of 20*

Assez bien *Quite good*

Bien *Good*

Bon effort *Good effort*

Très bien *Very good*

Travail excellent *Excellent*

Les élèves disent: The pupils say:

J'apprends le français depuis un an/deux ans *I've been learning French for one year/two years*

Je comprends *I understand*

Je ne comprends pas *I don't understand*

Je ne sais pas *I don't know*

J'ai une bonne/mauvaise note *I got a good/bad mark*

Parles-tu français/anglais? *Do you speak French/English?*

J'ai oublié mon cahier/mes devoirs/ma trousse *I've forgotten my exercise book/my homework/ my pencil case*

Je voudrais un nouveau cahier, s'il vous plaît *I would like a new exercise book, please*

Excusez-moi, Madame/Monsieur ... *Please Miss/Sir ...*

A quelle page sommes-nous? *What page are we on?*

Comment dit-on "homework" en français? *How do you say "homework" in French?*

Comment écrit-on "le chien"? *How do you spell "le chien"?*

Que veut dire "le chien" en anglais? *What does "le chien" mean in English?*

Cela se prononce comment? *How do you pronounce that?*

C'est dans quel cahier? *Which exercise book shall we do it in?*

Est-ce que je peux ouvrir la fenêtre? *May I open the window?*

Est-ce que je peux sortir? *May I leave the room?*

Est-ce que je peux tailler mon crayon? *May I sharpen my pencil?*

Je suis en sixième/cinquième/quatrième *I am in Year 7/8/9*

AT SCHOOL

Généralités	**General**
l'école (f)	school
l'école maternelle (f)	nursery school
l'école primaire (f)	primary school
le CES	secondary school
le collège	secondary school
le lycée	sixth form college
le congé de mi-trimestre	half-term holiday
les grandes vacances (fpl)	summer holidays
la récréation	break
la rentrée	start of school year
le trimestre	term

Les matières	**School subjects**
l'allemand (m)	German
l'anglais (m)	English
la biologie	biology
la chimie	chemistry
le dessin	drawing
l'éducation civique (f)	PHSE
l'éducation physique (f)	physical education
l'enseignement religieux	religious education
l'espagnol (m)	Spanish
l'économie domestique	home economics
le français	French
la géographie	geography
la gymnastique	gymnastics
l'histoire (f)	history
l'informatique (f)	ICT
les maths (f)	maths
les mathématiques (f)	mathematics
la musique	music
la physique	physics
la poterie	pottery
les sciences (f)	science
le sport	sport
la techno(logie)	technology

Les bâtiments	**School buildings**
l'atelier (m)	workshop, studio
la bibliothèque	library
la cantine	canteen
le centre de documentation	resources centre
la cour	playground
l'infirmerie (f)	sick room
le laboratoire	laboratory
la salle de classe	classroom
la salle des professeurs	staffroom
les vestiaires (mpl)	changing rooms

Comment est l'école?	**What is it like?**
mixte	mixed
moderne	modern
en brique	of brick
en béton	of concrete

Des verbes utiles	**Useful verbs**
apprendre *irreg*	to learn
assister à	to be present at
calculer	to calculate
chanter	to sing
compter	to count
choisir	to choose
copier	to copy
demander	to ask (for)
dessiner	to draw
durer	to last
écouter	to listen (to)
étudier	to study
expliquer	to explain
faire ses devoirs *irreg*	to do one's homework
faire une expérience *irreg*	to do an experiment
jouer	to play
oublier	to forget
poser une question	to ask a question
préférer †	to prefer
répéter †	to repeat
répondre	to reply, to answer

L'école et les vacances School and holidays

A quelle heure te lèves-tu? *What time do you get up?*

Je me lève à sept heures *I get up at 7.00*

A quelle heure quittes-tu la maison? *What time do you leave home?*

Je quitte la maison à huit heures et demie *I leave home at 8.30*

A quelle heure arrives-tu au collège? *What time do you get to school?*

J'arrive au collège à neuf heures moins le quart *I get to school at 8.45*

Comment viens-tu au collège? *How do you come to school?*

Je viens en autobus/en voiture *I come by bus/by car*

Je viens à vélo *I cycle*

Je viens à pied *I walk*

Les cours commencent à quelle heure? *When do lessons start?*

Les cours commencent à neuf heures *Lessons start at 9.00*

Les cours durent combien de temps? *How long are the lessons?*

Ils durent quarante minutes/une heure cinq minutes *Lessons last forty minutes/one hour and five minutes*

Que fais-tu pendant la récréation? *What do you do during break?*

Je discute avec mes amis pendant la récréation *I talk to my friends during break*

L'heure du déjeuner - c'est à quelle heure? *When is your lunch time?*

L'heure du déjeuner est à midi et demi *Lunch time is at 12.30*

Manges-tu à la cantine à midi? *Do you eat in the canteen at midday?*

Oui, je mange à la cantine à midi *Yes, I eat in the canteen at midday*

Qu'est-ce que tu manges à midi? *What do you eat at lunch time?*

Je mange des sandwichs à midi *I have sandwiches at midday*

L'école finit à quelle heure? *When does school end?*

L'école finit à quatre heures moins vingt *School ends at 3.40*

Comment rentres-tu à la maison? *How do you get home?*

Je rentre à pied *I walk home*

L'école et les vacances (suite) School and holidays (cont)

A quelle heure arrives-tu à la maison? *What time do you get home?*

J'arrive chez moi à quatre heures dix *I get home at 4.10*

Combien d'élèves y a-t-il dans ta classe? *How many pupils are there in your class?*

Il y a vingt-sept élèves dans ma classe *There are 27 pupils in my class*

Quelles matières fais-tu? *Which subjects do you do?*

Je fais de l'anglais, des maths, du français, des sciences, de l'histoire, de la géographie, du dessin et de la technologie

I do English, maths, French, science, history, geography, art and technology

Tu as combien de cours de maths par semaine? *How many maths lessons do you have a week?*

J'ai trois/quatre cours de maths par semaine *I have three/four maths lessons a week*

Quelle est ta matière préférée? *Which is your favourite subject?*

Ma matière préférée est le français *My favourite subject is French*

Quelle matière n'aimes-tu pas? *Which subject don't you like?*

Je n'aime pas l'histoire *I don't like history*

Est-ce que tu as beaucoup de devoirs? *Do you get a lot of homework?*

J'ai une heure de devoirs par jour *I get an hour's homework each day*

Fais-tu partie d'une équipe au collège? *Are you in a school team?*

Je fais partie de l'équipe de hockey/rugby *I play in the hockey/rugby team*

Fais-tu partie de l'orchestre/de la chorale au collège? *Are you in the orchestra/choir at school?*

Je joue dans l'orchestre/Je chante dans la chorale *I play in the orchestra/I sing in the choir*

Est-ce que tu es membre d'un club? *Are you a member of a club?*

Je suis membre du club d'échecs *I'm a member of the chess club*

Tu as combien de semaines de vacances? *How many weeks holiday do you get?*

A Noël, nous avons dix jours *We get ten days at Christmas*

A Pâques, nous avons deux semaines *We get two weeks at Easter*

Les grandes vacances durent six semaines *The summer holidays last six weeks*

FAMILY LIFE

Généralités — General

l'appartement (m)............flat
la ferme............farm
l'HLM.(f). ....housing association flat
l'immeuble (m)............block of flats
la maison ....house
le pavillon............detached house

la cave ....cellar
la chambre ....bedroom
la cuisine ....kitchen
le garage ....garage
la salle à manger............dining room
la salle de bains ....bathroom
la salle de séjour............living-room
le salon ....lounge, sitting room
le séjour ....living-room
le sous-sol............basement
la terrasse............terrace
le vestibule ....hall
les W.C. (mpl) ....toilet

l'ascenseur (m) ....lift
le balcon ....balcony
la cheminée ....fireplace
la clé ....key
le couloir ....corridor
l'escalier (m) ....staircase
l'étage (m) ....floor, storey
l'entrée (f) ....entrance
le palier............landing
le rez-de-chaussée ....ground floor
le toit ....roof

le chauffage central ....central heating
l'électricité (f) ....electricity
le gaz ....gas
le radiateur............radiator
le volet............shutter

La salle de bains — Bathroom

la baignoire............ bath
le bidet .... bidet
la brosse à dents............ toothbrush
le dentifrice............ toothpaste
la douche .... shower
l'eau (f)............ water
l'eau chaude (f)............ hot water
l'eau froide (f) .... cold water
l'éponge (f)............ sponge
le gant de toilette .... flannel
le lavabo .... wash basin
le miroir .... mirror
la prise-rasoir............ electric razor socket
le rasoir............ razor
le robinet............ tap
le savon............ soap
la serviette .... towel
le shampooing .... shampoo

La chambre — Bedroom

l'armoire (f)............ wardrobe
la chaise .... chair
la couverture............ blanket
la couette .... duvet
le drap............ sheet
l'étagère (f)............ shelf
la housse .... duvet cover
la lampe .... lamp
le lit............ bed
la moquette .... fitted carpet
l'ordinateur............ computer
l'oreiller (m) .... pillow
le rideau .... curtain
le réveil............ alarm clock
le tapis .... rug

La salle de séjour/ Le séjour — Living room/ Living room

la bibliothèque .... book-case
le canapé .... sofa
la chaîne hi-fi .... music centre
le coussin .... cushion
le disque compact .... compact disc
le fauteuil .... armchair
le lecteur de DVD .... DVD player
le magnétoscope .... video recorder
le piano .... piano
la photo .... photo
la platine-laser .... CD player
la table basse .... coffee table
le téléviseur .... TV set

La salle à manger — Dining room

l'assiette (f) .... plate
le bol .... bowl
le buffet .... sideboard
la chaise .... chair
le couteau .... knife
la cuillère .... spoon
la fourchette .... fork
la nappe .... tablecloth
la pendule .... clock
la table .... table
le tableau .... picture
la tasse .... cup
la vaisselle .... crockery
le verre .... glass

La cuisine — Kitchen

l'aspirateur (m) .... vacuum cleaner
la casserole .... saucepan
le congélateur .... freezer
la cuisinière à gaz .... gas cooker
la cuisinière électrique ...... electric cooker
l'évier (m) .... sink
le four à micro-ondes .... microwave
le frigidaire/frigo .... fridge
le lave-vaisselle .... dishwasher
le lave-linge .... washing machine
le placard .... cupboard
la poêle .... frying pan
la poubelle .... rubbish bin

Le jardin — Garden

l'arbre (fruitier) (m) .... (fruit) tree
le buisson .... bush, shrub
la fleur .... flower
le fruit .... fruit
l'herbe (f) .... grass
le légume .... vegetable
la pelouse .... lawn
le pommier .... apple tree
le sapin .... fir tree

Des verbes utiles — Useful verbs

allumer .... to light, switch on
arroser .... to water
brancher .... to plug in
décorer .... to decorate
déménager † .... to move house
faire du bricolage *irreg* ..... to do odd jobs, DIY
faire la lessive *irreg* .... to do the washing
faire la vaisselle *irreg* .... to do the washing up
frapper (à la porte) .... to knock (on the door)
habiter .... to live
mettre le couvert *irreg* ...... to set the table
mettre la table *irreg* .... to set the table
nettoyer † .... to clean
partager † .... to share
passer l'aspirateur .... to vacuum
ranger les affaires † .... to tidy
réparer .... to repair
sonner .... to ring (the doorbell)
tondre la pelouse *irreg* ...... to mow the lawn

La maison The house

Habites-tu une maison ou un appartement? *Do you live in a house or a flat?*
J'habite un appartement au deuxième étage *I live in a second floor flat*

L'appartement est au centre-ville *The flat is in the town centre*
J'habite une maison en banlieue *I live in a house in the suburbs*

Est-ce que tu habites près du collège? *Do you live near school?*
J'habite à deux kilomètres du collège *I live two kilometres from school*

Est-ce que ta maison est vieille ou moderne? *Is your house old or modern?*
Ma maison est (assez) vieille/moderne *My house is (quite) old/modern*
Ma maison est en brique *My house is built of bricks*

Est-ce que tu as une chambre à toi? *Have you got your own bedroom?*
Oui, j'ai ma chambre à moi *Yes, I've got my own room*
Non, je partage avec mon frère/ma sœur *No, I share with my brother/sister*

Comment est ta chambre? *What is your room like?*
Ma chambre est (assez) grande/petite *My room is (quite) big/small*

Qu'est-ce que tu as comme meubles dans ta chambre? *What furniture have you got in your bedroom?*
J'ai un lit, une armoire, un ordinateur, un téléviseur et une chaise
I've got a bed, a wardrobe, a computer, a television and a chair

Les murs sont gris et les rideaux sont bleus *The walls are grey and the curtains are blue*
La moquette est bleue aussi *The carpet is blue as well*

As-tu un jardin? *Have you got a garden?*
Oui, j'ai un grand/petit jardin *Yes, I've got a big/small garden*

Où est le jardin? *Where is the garden?*
Le jardin est derrière la maison *The garden is behind the house*

Qu'est-ce qu'il y a dans ton jardin? *What is there in your garden?*
Il y a des arbres et des fleurs dans mon jardin *There are trees and flowers in my garden*
Il y a des légumes et une pelouse *There are some vegetables and a lawn*

La maison (suite) The house (cont)

Où est la salle de bains? *Where is the bathroom?*

La salle de bains est au premier étage *The bathroom is upstairs/on the first floor*

Voici la salle de bains *Here is the bathroom*

Est-ce que je peux prendre un bain? *May I have a bath?*

Est-ce que je peux prendre une douche? *May I have a shower?*

As-tu besoin de quelque chose? *Do you need anything?*

J'ai besoin d'une serviette *I need a towel*

Je voudrais du savon et du dentifrice *I would like some soap and some toothpaste*

A quelle heure prends-tu le petit déjeuner? *What time do you have breakfast?*

Je prends le petit déjeuner à huit heures *I have breakfast at eight o'clock*

A quelle heure déjeunes-tu? *What time do you have lunch?*

Je déjeune à midi et demi *I have lunch at 12.30*

A quelle heure dînes-tu? *What time do you have your evening meal?*

Je dîne à six heures *I have my evening meal at six o'clock*

Je travaille dans le jardin *I work in the garden*

Je range ma chambre *I tidy my room*

Je mets la table *I set the table*

Je débarasse la table *I clear the table*

Je fais mon lit *I make my bed*

Je fais la vaisselle *I do the washing up*

Je prépare le déjeuner *I get lunch ready*

Un plan de ma chambre A plan of my room

THE MEDIA

Généralités — General

le cinéma .... cinema
le journal .... newspaper
la radio .... radio
la télévision .... television
le théâtre .... theatre

l'antenne parabolique (f) ... satellite dish
le câble à péage .... subscription cable
la chaîne .... channel
la télévision cablée .... cable TV
la télécommande .... remote control
le magnétoscope .... VCR
la cassette vidéo .... video cassette

le baladeur .... walkman ®
le CD .... CD
la chaîne stéreo .... stereo system
le disque compact .... compact disc
le lecteur de disques compacts ... CD player
le lecteur de DVD .... DVD player
le magnétophone .... cassette recorder

Au cinéma — At the cinema

la comédie .... comedy
le dessin animé .... cartoon
le film d'amour .... love film
le film d'aventures .... adventure film
le film d'espionnage .... spy film
le film d'horreur .... horror film
le film policier .... detective film
le film de science-fiction ... science fiction
le film à suspense .... thriller
le western .... Western

l'acteur (m) .... actor
l'actrice (f) .... actress

A la télévision — On TV
A la radio — On the radio

le bulletin metéo .... weather forecast
la causerie .... talk show
le documentaire .... documentary
le feuilleton .... serial, soap
les informations (fpl) .... news
les infos (fpl) .... news
le jeu concours .... quiz
le magazine d'information news show
le mélo .... "soap"
la metéo .... weather forecast
la pièce de théâtre .... play
les publicités (fpl), pubs ... adverts
le programme de variété ... variety programme
le reportage sportif .... sports broadcast
le téléjournal .... TV news

La lecture — Reading

la bande dessinée, BD ...... comic strip
l'illustré (m) .... illustrated magazine
le journal .... newspaper
le magazine .... magazine
le magazine de presse .... news magazine
le magazine féminin .... woman's magazine
le magazine d'aventures ... adventure magazine

Des verbes utiles — Useful verbs

aimer beaucoup .... to like a lot
aller* voir *irreg* .... to go and see
allumer .... to switch on
avoir horreur de *irreg* .... to hate
écouter .... to listen (to)
s'intéresser à* *refl* .... to be interested in
enregistrer .... to record
zapper .... to channel-hop

Les médias The media

Aimes-tu aller au cinéma? *Do you like going to the cinema?*

Oui, j'aime aller au cinéma de temps en temps *Yes I like going to the cinema sometimes*

Je suis allé(e) au cinéma samedi *I went to the cinema on Saturday*

Quel genre de film préfères-tu? *Which type of film do you like best?*

Je préfère les films de science fiction *I prefer science fiction films*

Est-ce que tu regardes la télévision? *Do you watch TV?*

Oui, je regarde la télévision *Yes, I watch television*

Non, je ne regarde pas souvent la télévision *No, I don't watch TV very often*

Quelles émissions aimes-tu? *Which programmes do you like?*

Quelles émissions n'aimes-tu pas? *Which programmes don't you like?*

J'aime les dessins animés *I like cartoons*

Je n'aime pas les informations *I don't like the news*

J'ai regardé un jeu concours hier soir *I watched a quiz yesterday evening*

J'adore les feuilletons *I love soaps*

J'ai horreur des feuilletons *I hate soaps*

Aimes-tu la lecture? *Do you like reading?*

Oui, j'aime bien la lecture *Yes I like reading*

Quel genre de magazine aimes-tu? *What type of magazine do you like?*

J'aime les magazines d'aventures *I like adventure magazines*

Est-ce que je peux écouter la radio? *May I listen to the radio?*

Est-ce que je peux regarder la télévision? *May I watch television?*

Est-ce que je peux téléphoner? *May I use the phone?*

Qu'est-ce que tu as vu comme film? *What sort of film did you see?*

J'ai vu un film d'horreur *I saw a horror film*

Quelle musique as-tu écoutée récemment? *What music have you listened to recently?*

J'ai écouté un CD de ... *I have listened to a CD by ...*

HEALTH AND FITNESS

Les parties du corps — Parts of the body

la bouche .... mouth
le bras .... arm
la cheville .... ankle
le cœur .... heart
la dent .... tooth
le doigt .... finger
le dos .... back
l'épaule (f) .... shoulder
l'estomac (m) .... stomach
le genou .... knee
la gorge .... throat
la jambe .... leg
la langue .... tongue
la main .... hand
le nez .... nose
l'œil (m) .... eye
l'oreille (f) .... ear
le pied .... foot
la poitrine .... chest
le sang .... blood
la tête .... head
le ventre .... stomach, tummy
les yeux (mpl) .... eyes

Chez le médecin — At the doctor's
Chez le dentiste — At the dentist's

le dentiste .... dentist
le docteur .... doctor
le médecin .... doctor
l'infirmière (f) .... nurse
le patient .... patient
le rendez-vous .... appointment
la salle de consultation ...... surgery
la douleur .... pain
la maladie .... illness
le médicament .... medicine, treatment
l'ordonnance (f) .... prescription
la piqûre .... injection
le plombage .... filling
le problème .... problem
le remède .... remedy

A la pharmacie — At the chemist's

l'aspirine (f) .... aspirin
le cachet .... tablet
le comprimé .... tablet
le coton hydrophile .... cotton wool
le coup de soleil .... sunburn
la crème .... cream
la cuillerée .... spoonful
le dentifrice .... toothpaste
la diarrhée .... diarrhœa
la fièvre .... high temperature
la grippe .... flu
l'indigestion (f) .... indigestion
l'insolation (f) .... sun-stroke
le mal de mer .... sea-sickness
le pansement .... dressing
le pansement (adhésif) ...... (sticking) plaster
la pastille .... throat sweet
le pharmacien .... chemist
la piqûre (d'insecte) .... (insect) sting; bite
le rhume .... cold
le savon .... soap
le sirop .... (liquid) medicine
la température .... temperature
le tube .... tube

La santé Health

Je vais bien *I am well*
Je vais mal *I am ill*
Je vais mieux *I am better*

J'ai chaud *I am warm*
J'ai faim *I am hungry*
J'ai froid *I am cold*
J'ai soif *I am thirsty*

J'ai un rhume *I've got a cold*

J'ai mal au bras *My arm hurts*
J'ai mal au cœur *I feel sick*
J'ai mal aux dents *I've got toothache*
J'ai mal à l'estomac *I've got stomach ache*
J'ai mal à la gorge *I've got a sore throat*
J'ai mal à la tête *I've got a headache*
J'ai mal aux yeux *I've got sore eyes*

Je me suis brûlé la main *I have burned my hand*
Je me suis cassé le bras *I have broken my arm*
Je me suis coupé le doigt *I have cut my finger*
Je me suis foulé la cheville *I have sprained my ankle*

Je suis enrhumé (enrhumée) *I've got a cold*
Je suis fatigué (fatiguée) *I am tired*
Je suis malade *I am ill*

Est-ce que je peux avoir un rendez-vous? *May I have an appointment?*
Est-ce que je peux aller à la pharmacie? *May I go to the chemist's?*
Pouvez-vous me donner quelque chose contre la douleur? *Can you give me something for the pain?*
Je suis allergique à ... *I'm allergic to ...*

Je vous dois combien? *How much do I owe you?*

IN A CAFÉ

Les boissons	**Drinks**
le café	*coffee (black)*
le café crème	*white coffee*
le chocolat	*chocolate*
le thé	*tea*
le coca-cola®	*Coca-Cola®*
la limonade	*lemonade*
l'eau minérale	*mineral water*
le citron pressé	*fresh lemon juice*
le jus de fruit	*fruit juice*
l'orangina®	*Orangina®*
le vin rouge	*red wine*
le vin blanc	*white wine*
la bière	*beer*
le cidre	*cider*
* * * * *	* * * * *
les frites	*chips*
la crêpe	*pancake*
le croque-monsieur	*toasted sandwich*
la glace	*ice cream*
le sandwich au fromage	*cheese sandwich*
le sandwich au jambon	*ham sandwich*

Au café At the café

Tu veux boire quelque chose? *Would you like a drink?*

Je te paie un verre *I'll buy you a drink*

Qu'est-ce que tu prends? *What will you have?*

Vous voulez commander quelque chose? *Do you wish to order?*

Je voudrais un citron pressé, s'il vous plaît *I'd like a fresh lemon juice, please*

C'est tout? Et avec ça? *Is that all? Anything else?*

Avez-vous des frites? *Have you got any chips?*

Vendez-vous des sandwichs? *Do you sell sandwiches?*

Je voudrais un sandwich au jambon *I'd like a ham sandwich*

C'est combien, un sandwich au fromage? *How much is a cheese sandwich?*

Je vous dois combien? *How much do I owe you?*

Le service est compris? *Is the service charge included?*

IN A RESTAURANT

Menu à 20 €	***€20 Menu***
Hors d'œuvre variés	***Choice of starter***
Crudités	*Fresh raw vegetables*
Salade de tomates	*Tomato salad*
Sardines beurre	*Sardines in butter*
Melon (Supplément 1€)	*Melon (€1 supplement)*
Pâté de campagne	*Country pâté*
* * * * *	* * * * *
Plats	***Main dishes***
Steak grillé	*Grilled steak*
Escalope de dinde	*Turkey escalope*
Omelette aux champignons	*Mushroom omelette*
Poulet rôti	*Roast chicken*
Sole frite	*Fried sole*
Salade composée	*Mixed salad*
* * * * *	* * * * *
Légumes au choix	***Choice of vegetables***
Petits pois	*Peas*
Haricots verts	*French beans*
Carottes	*Carrots*
Frites	*Chips*
* * * * *	* * * * *
Fromages	***Cheeseboard***
Camembert, Chèvre, Yaourt	*Camembert, Goat's Cheese, Yoghurt*
* * * * *	* * * * *
Pâtisseries	***Sweets***
Tarte Maison, Gâteau au chocolat	*Home-made Tart, Chocolate Gâteau*
Fruits: Pêche, Poire, Banane	*Fruit: Peach, Pear, Banana*
Glaces: Pêche Melba, Fraise, Vanille	*Ice cream: Peach Melba, Strawberry, Vanilla*
Café	*Coffee*
* * * * *	* * * * *
Boisson en supplément	*Drinks extra*
Service et TVA compris	*Service charge and VAT included*

Au restaurant In the restaurant

Avez-vous une table pour quatre, s'il vous plaît? *Have you got a table for four, please?*
Je voudrais une table sur la terrasse, s'il vous plaît *I'd like a table on the terrace, please*
Je voudrais une table près de la fenêtre, s'il vous plaît *I'd like a table near the window, please*

Je voudrais voir la carte, s'il vous plaît *I'd like to see the menu, please*
Je voudrais commander maintenant, s'il vous plaît *I'd like to order now, please*
Qu'est-ce que vous conseillez? *What do you recommend?*
Je vous conseille le poisson *I recommend the fish*
Le plat du jour est ... *Today's set meal is ...*
Je prendrai le menu à 15 euros, s'il vous plaît *I'll have the 15 euro menu, please*

Comme hors d'œuvre, je prendrai ... *For a starter, I'll have ...*
Comme plat principal, je prendrai le poulet rôti *For main course, I'll have roast chicken*
Qu'est-ce que vous avez comme légumes? *What vegetables do you have?*
Je prendrai des champignons, s'il vous plaît *I'll have mushrooms, please*
Comme dessert je prendrai une glace, s'il vous plaît *I'll have ice cream for dessert, please*
Quels parfums avez-vous? *What flavours have you got?*

Comme boisson je prendrai de l'eau minérale *I'll have mineral water to drink*
L'addition, s'il vous plaît *May I have the bill, please?*
Le service est compris? *Is service included?*

J'aime le poisson *I like fish*
Je n'aime pas les carottes *I don't like carrots*
"Assiette anglaise"- Qu'est-ce que c'est comme plat, s'il vous plaît? *What sort of dish is an "assiette anglaise", please?*

Encore du pain, s'il vous plaît *I'd like some more bread, please*
Ça suffit, merci *That is enough, thank you*

Il nous manque un couteau *We need another knife*
Avez-vous besoin d'une fourchette? *Do you need a fork?*
Nous voudrions du sucre, s'il vous plaît *We would like some sugar, please*
Voulez-vous changer ce verre, s'il vous plaît? *Would you change this glass, please?*
On peut téléphoner d'ici? *May I phone from here?*
Où sont les toilettes, s'il vous plaît? *Where are the toilets, please?*

MY FAMILY, MY FRIENDS AND MYSELF

La famille Family

le cousin, la cousine .... cousin
le frère .... brother
la grand-mère .... grandmother
les grands-parents (mpl) ... grandparents
le grand-père..................... grandfather
la maman .... mummy
la mère .... mother
un oncle .... uncle
le papa .... daddy
les parents (mpl).............. parents
le père .... father
la sœur .... sister
la tante .... aunt

le beau-père .... stepfather
la belle-mère..................... stepmother
le fiancé, la fiancée........... fiancé, fiancée
la femme........................... wife
le fils................................. son
la fille .... daughter, girl
le mari............................... husband
le petit-fils .... grandson
la petite-fille .... granddaughter

Généralités General

l'adolescent (m), l'adolescente (f)..... teenager
l'adulte (m), l'adulte (f).... adult
l'ami (m), l'amie (f) .... friend
le bébé .... baby
le camarade, la camarade . friend
le copain .... friend (boy)
la copine .... friend (girl)
le correspondant, la correspondante .. penfriend
l'enfant (m), l'enfant (f) ... child
la femme........................... woman
le garçon .... boy
l'homme (m)..................... man
le petit ami .... boyfriend
la petite amie .... girlfriend

aîné (aînée) .... elder
cadet (cadette)................... younger
divorcé (divorcée)............ divorced
fiancé (fiancée) .... engaged
marié (mariée) .... married
séparé (séparée) .... separated

Les animaux domestiques Pets

l'animal (m)...................... animal
le chat .... cat
le chien .... dog
le cochon d'Inde .... guinea-pig
le hamster .... hamster
le lapin .... rabbit
l'oiseau (m)....................... bird
la perruche .... budgerigar
le poisson-rouge .... goldfish
la souris............................. mouse

Les professions Jobs

l'agent de police (m)......... policeman
le coiffeur, la coiffeuse..... hairdresser
l'électricien (m) .... electrician
l'employé de bureau (m) .. office worker
l'employé des PTT (m)..... post office worker
l'infirmier (m).................. nursing officer
l'infirmière (f).................. nurse
l'instituteur (m)................ primary teacher
l'institutrice (f) .... primary teacher
l'ingénieur (m)................. engineer
le maçon .... builder
le mécanicien.................... mechanic
le professeur .... secondary school teacher (m) or (f)
la secrétaire....................... secretary
le vendeur .... sales assistant
la vendeuse .... sales assistant

Ma famille et moi-même My family and I

Comment t'appelles-tu? *What is your name?*

Je m'appelle Rebecca/Paul *My name is Rebecca/Paul*

Combien de personnes y-a-t-il dans ta famille? *How many people are there in your family?*

Nous sommes cinq personnes: mon père, ma mère, mon frère, ma sœur et moi
There are five of us: my father, my mother, my brother, my sister and I

As-tu des frères et des sœurs? *Have you got any brothers or sisters?*

Oui, j'ai un frère/une sœur *Yes, I 've got one brother/one sister*

Non, je suis enfant unique *No, I am an only child*

Comment s'appelle-t-il/elle? *What is he/she called?*

Il/Elle s'appelle Chris *He/She is called Chris*

Quel âge a-t-il/elle? *How old is he/she?*

Il/Elle a quinze ans *He/She is fifteen*

Que fait ton père/ta mère dans la vie? *What does your father/mother do?*

Il est professeur. Il travaille dans un lycée *He is a teacher. He works in a 6th Form College*

Elle est infirmière. Elle travaille dans un hôpital *She is a nurse. She works in a hospital*

Aimes-tu les animaux? *Do you like animals?*

Oui, j'aime les animaux *Yes, I like animals*

As-tu des animaux? *Have you got any animals?*

Oui, j'ai un chat/un chien/un lapin *Yes, I have a cat/a dog/a rabbit*

Préfères-tu les chiens ou les chats? *Do you prefer dogs or cats?*

Je préfère les chiens/les chats *I prefer dogs/cats*

L'identité Identity

Madame........................... Mrs, Madam, Ms
Mademoiselle .... Miss
Monsieur .... Mr, Sir
M .... Mr
Mme .... Mrs, Ms
Mlle .... Miss, Ms

la carte d'identité............. identity card
le nom (de famille) .... name, surname
le passeport....................... passport
la pièce d'identité .... proof of identity
le prénom......................... first name
la signature .... signature

L'adresse Address

l'adresse (f)...................... address
l'adresse email (f)............ email address
l'adresse électronique (f).. email address
le code postal................... post code
le numéro......................... number
le numéro de téléphone .... telephone number
le numéro de fax.............. fax number

l'allée (f).......................... lane, avenue
le boulevard..................... boulevard
le département .... administrative county
l'impasse (f) .... cul-de-sac
le pays............................. country
la place .... square
la route............................. road
la rue................................ road, street
la ville.............................. town
le village .... village
chez .... at the home of

Age et anniversaire Age and birthday

l'âge (m) .... age
l'an (m)............................ year
l'année (f) .... year
l'anniversaire (m) .... birthday
la date .... date
la date de naissance .... date of birth
le lieu de naissance........... place of birth
le mois .... month
né(e) le (+ date)............... born on (+ date)

Des verbes utiles Useful verbs

s'appeler* *refl*.................. to be called
avoir treize ans *irreg* .... to be 13 years old
écrire *irreg*....................... to write
épeler † .... to spell
habiter (à) .... to live (at, in)
signer .... to sign

Les anniversaires de ma famille My family's birthdays

Moi-même Myself

Quel âge as-tu? *How old are you?*
J'ai onze ans *I'm 11*

Quelle est la date de ton anniversaire? *When is your birthday?*
Mon anniversaire est le vingt et un juin *My birthday is on the 21st June*

En quelle anneé es-tu né(e)? *Which year were you born?*
Je suis né(e) en mille neuf cent quatre-vingt-douze *I was born in 1992*

D'où viens-tu? *Where do you come from?*
Je viens de Malvern en Angleterre *I come from Malvern in England*

Où es-tu né(e)? *Where were you born?*
Je suis né(e) à Tadcaster *I was born in Tadcaster*

De quelle nationalité es-tu? *What nationality are you?*
Je suis britannique *I am British*
Je suis anglais(e) *I am English*
Je suis écossais(e) *I am Scottish*
Je suis gallois(e) *I am Welsh*
Je suis irlandais(e) *I am Irish*

For other nationalities see page 55

Où habites-tu? *Where do you live?*
J'habite Malvern *I live in Malvern*

Quelle est ton adresse? *What is your address?*
Mon adresse est 12 Any Street, Sometown *My address is 12 Any Street, Sometown*

Quel est ton numéro de téléphone? *What is your phone number?*
C'est 016 84 57 74 33 *It is 01684 577433*

Comment est-il/elle? Appearance

la barbe .... beard
la bouche .... mouth
les cheveux (mpl) .... hair
la dent .... tooth
les lunettes (fpl)................ glasses
la moustache/les moustaches (fpl)....moustache
le nez .... nose
l'œil (m) .... eye
l'oreille (f) .... ear
le visage........................... face
les yeux (mpl).................. eyes

beau (belle)....................... handsome, beautiful
bronzé (bronzée).............. tanned
costaud (costaude)........... stocky, sturdy
fort (forte)........................ strong
grand (grande) .... big, tall
jeune .... young
joli (jolie)......................... pretty
laid (laide) .... ugly
mince .... thin
pâle .... pale
petit (petite) .... small
vieux (vieille) .... old

blond (blonde) .... blonde
bouclé (bouclée).............. curly (wavy)
chauve .... bald
court (courte)................... short
frisé (frisée) .... curly (frizzy)
long (longue) .... long
raide................................ straight, stiff
roux (rousse).................... red, ginger

avoir l'air *irreg*................ to seem
porter .... to wear

Le caractère Character

actif (active) .... active
agréable .... pleasant
aimable .... friendly
amusant (amusante)......... amusing
bête .... stupid
calme .... calm
charmant (charmante)....... charming
en colère .... angry
content (contente)............ pleased, happy
désagréable...................... unpleasant
drôle................................ funny

fâché (fâchée) .... angry
formidable .... great
fou (folle) .... mad
gentil (gentille) .... kind
habile .... clever, skilful
heureux (heureuse).......... happy
honnête .... honest
important (importante) ..... important
inquiet (inquiète) .... anxious
insupportable................... unbearable
intelligent (intelligente).... intelligent

malheureux (malheureuse)unhappy, unfortunate
méchant (méchante) .... naughty, nasty
pauvre.............................. poor
poli (polie)....................... polite
sage................................. well-behaved
sérieux (sérieuse)............. serious
sportif (sportive).............. sporty, athletic
sympathique, sympa .... nice
timide.............................. shy
tranquille .... quiet
travailleur (travailleuse) ... hard-working
triste................................ sad

Ma famille My family

Comment est ton frère/ta sœur? *What does your brother/sister look like?*

Mon frère est grand et gros *My brother is tall and fat*

Il a les cheveux blonds et les yeux bleus *He has blonde hair and blue eyes*

Ma sœur est petite et mince *My sister is small and slim*

Elle a les cheveux noirs et les yeux bruns *She has black hair and brown eyes*

Comment est ton père? *What does your father look like?*

Il est petit et mince *He is small and thin*

Il a les cheveux courts et les yeux bleus *He had short hair and blue eyes*

Il a une barbe et des moustaches *He has a beard and a moustache*

Comment est ta mère? *What does your mother look like?*

Elle est de taille moyenne *She is of medium height*

Elle a les cheveux longs et les yeux gris *She has long hair and grey eyes*

Elle porte des lunettes *She wears glasses*

Comment est ton père/ta mère? *What is your father/mother like?*

Il est gentil *He is kind*

Elle est sympa *She is nice*

Comment est ton frère/ta sœur? *What is your brother/sister like?*

Il est horrible *He is horrible*

Elle est bête *She is stupid*

Ma famille à moi My own family

LEISURE

Généralités — General

le club .... club
le club des jeunes .... youth club
la distraction .... entertainment
la jeunesse .... youth, young people
les loisirs (mpl)................ free time
la maison des jeunes......... youth club
le passe-temps .... pastime
la soirée .... evening
le temps libre .... free time
les vacances (fpl)............. holidays
le week-end .... weekend

Les sports — Sport

l'athlétisme (m) .... athletics
le ballon .... football (ball)
le basket........................... basketball
le cricket .... cricket
l'équipe (f)........................ team
le foot/football .... football (sport)
la gymnastique .... gymnastics
le hockey .... hockey
le match .... match
le membre .... member
le ping-pong .... table tennis
la piscine.......................... swimming pool
le rugby............................ rugby
les sports d'hiver (mpl) .... winter sports
le stade .... stadium

aller* à la pêche .... to go fishing
se baigner* *refl* .... to swim
gagner .... to win
nager † .... to swim
perdre .... to lose
pratiquer un sport............. to do a sport
soutenir une équipe *irreg*.. to support a team

faire du cyclisme *irreg* ..... to cycle
faire de l'équitation .... to go horse riding
faire de la natation .... to swim
faire une partie de tennis .. to play a game of tennis
faire du patin..................... to skate
faire du patin à roulettes ... to roller-skate
faire de la planche à roulettes
.... to skateboard
faire de la planche à voile. to windsurf
faire une promenade .... to go for a walk
faire une promenade à vélo
.... to go cycling
faire du ski .... to ski
faire du vélo...................... to cycle
faire de la voile .... to go sailing

Mes sports préférés — My favourite sports

Les sports Sport

Que fais-tu quand tu as du temps libre? *What do you do when you have some free time?*
Je joue au tennis/au football *I play tennis/football*

Aimes-tu le sport? *Do you like sport?*
Oui, j'aime beaucoup le sport *Yes, I like sport a lot*

Quel est ton sport favori? *What is your favourite sport?*
J'aime le tennis/le rugby *I like tennis/rugby*

Est-ce que tu es membre d'un club? *Are you a member of a club?*
Oui, je suis membre d'un club de tennis *Yes, I belong to a tennis club*

Quand joues-tu? *When do you play?*
Je joue au club le samedi après-midi *I play on Saturday afternoon at the club*

Est-ce que tu aimes jouer au cricket? *Do you like playing cricket?*
Oui, j'aime jouer au cricket *Yes, I like playing cricket*
Non, je n'aime pas le cricket *No, I don't like cricket*

Je déteste le rugby *I hate rugby*
J'adore le foot *I love football*

Sais-tu nager? *Can you swim?*
Oui, je sais nager *Yes, I can swim*

Aimes-tu nager? *Do you like swimming?*
Oui, je nage à la piscine municipale *Yes, I swim at the local pool*

La piscine ouvre à quelle heure? *What time does the pool open?*
La piscine ferme à quelle heure? *What time does the pool close?*
La piscine est ouverte dimanche? *Is the pool open on Sunday?*

Un billet pour la piscine coûte combien? *How much does a ticket for the swimming pool cost?*
Il coûte 1€ pour un enfant et 2€ pour un adulte *One euro for a child and 2 euros for an adult*
Je voudrais 2 billets pour adultes et un billet pour un enfant *I'd like 2 adult tickets and one for a child*

La musique — Music

le baladeur .... walkman®
le concert .... concert
l'instrument (m) .... instrument
l'orchestre (f).................... orchestra

J'écoute ... — I listen to ...

des cassettes .... cassettes
des chansons..................... songs
des CDs .... CDs
des groupes....................... groups
des tubes .... 'hit' records

Je joue ... — I play ...

de la batterie .... the drums
de la clarinette .... the clarinet
de la flûte .... the flute
de la flûte à bec................. the recorder
de la guitare .... the guitar

Je joue ... — I play ...

du piano .... the piano
du violon........................... the violin
du violoncelle .... the cello

Je chante dans ... — I sing in ...

la chorale .... the choir

La musique Music

Joues-tu d'un instrument? *Do you play an instrument?*
Oui, je joue du violon/de la clarinette *Yes, I play the violin/the clarinet*

Est-ce que tu t'intéresses à la musique? *Are you interested in music?*
Oui, la musique m'est très importante *Yes, music is very important to me*

Quel genre de musique préfères-tu? *What type of music do you like?*
Je préfère la musique pop *I prefer pop music*

As-tu un groupe préféré? *Have you got a favourite group?*
As-tu un chanteur préféré/une chanteuse préférée? *Have you got a favourite singer?*
Non, je n'ai pas de groupe préféré/de chanteur préféré/de chanteuse préférée
No, I haven't got a favourite group/singer
Oui, mon groupe préféré est ... *Yes, my favourite group is ...*
Le groupe est formidable *They are great*

Nous sommes allés/allées à un concert *We went to a concert*
Il y avait une très bonne ambiance *There was a good atmosphere*
J'ai entendu mon groupe préféré *I heard my favourite group*

L'informatique — ICT

la base de données	data-base
le catalogue	disk manager
le cédérom	CD ROM
le clavier	keyboard
le curseur	cursor
le disque dur	hard disk
la disquette	disk
l'écran (m)	screen
l'email (m)/le mel	e-mail
l'imprimante (f)	printer
l'internet (m)	internet
le jeu éléctronique	computer game
le jeu vidéo	video game
le lecteur de disquettes	disk drive
le menu	menu
le message texte	text message
le moniteur	monitor
la musique électronique	computer music
l'ordinateur (m)	computer
la puce	chip
le site-web	web site
la souris	mouse
le texto	text (message)
le traitement de texte	word processing

Des verbes utiles — Useful verbs

allumer	to switch on
charger †	to load
éditer	to edit
envoyer † un email	to email
éteindre *irreg*	to switch off
être connecté *irreg*	to be online
formater	to format

D'autres passe-temps — Other hobbies

l'appareil-photo (m)	camera
les cartes (fpl)	cards
le cheval	horse
la collection	collection
la cuisine	cooking
le dessin	drawing
les échecs (mpl)	chess
l'histoire (f)	story
le jeu de société	board game
les mots croisés (mpl)	crosswords
la peinture	painting
la pellicule	film (photography)
le portable	mobile (phone)
le roman (policier)	(detective) novel

Des verbes utiles — Useful verbs

aimer beaucoup	to like a lot
aller* en ville *irreg*	to go to town
aller* voir *irreg*	to go and see (person)
bricoler	to do DIY, to tinker
chanter	to sing
collectionner	to collect
commencer †	to begin
danser	to dance
dessiner	to draw
écouter	to listen (to)
faire un jeu vidéo *irreg*	to play a computer game
faire de la peinture	to paint
faire du lèche-vitrines	to go window shopping
faire les magasins	to go round the shops
faire des modèles réduits	to make models
jouer aux cartes	to play cards
lire *irreg*	to read
payer †	to pay (for)
prendre des photos *irreg*	to take photos
regarder	to watch
sortir* *irreg*	to go out
trouver	to find
visiter un château	to visit a castle/ stately home

Mes passe-temps My hobbies

Fais-tu une collection de timbres? *Do you collect stamps?*

Oui, j'ai beaucoup de timbres *Yes, I have a lot of stamps*

Quel genre de livre aimes-tu? *What type of books do you like reading?*

J'aime les romans policiers *I like detective stories*

J'aime les jeux de société *I like board games*

J'écoute la radio *I listen to the radio*

Je fais du théâtre *I act in plays*

Je fais de l'équitation *I go horse riding*

Je joue aux cartes *I play cards*

Je joue aux échecs *I play chess*

Je me promène à la campagne *I go for walks in the country*

Le week-end, je ... At the weekend, I ...

GOING OUT

Généralités	General
la boîte	disco
la boum	party
le centre sportif	sports centre
le club	club
le concert	concert
la discothèque	disco
l'excursion (f)	outing
l'exposition (f)	exhibition
la galerie	gallery
la patinoire	ice rink
la piscine	swimming pool
la société	society, club
le stade	stadium
le terrain de sport	sports ground

Le cinéma, le théâtre	Cinema, theatre
le balcon	balcony
le billet	ticket
le filme	film
le programme	programme
la pièce de théâtre	play
la séance	film showing
la vedette	film star

Des verbes utiles	Useful verbs
commencer †	to begin
coûter	to cost
durer	to last
finir	to finish

On sort Going out

Si on sortait ce soir?/On sort ce soir? *Shall we go out this evening?*

Oui, je veux bien *Yes, please*

Non, merci *No, thank you*

Je regrette, mais je ne peux pas *I'm sorry, I can't make it*

Je me lave les cheveux *I'm washing my hair*

Je suis déjà pris(e) *I'm already doing something*

J'ai beaucoup de devoirs *I have a lot of homework*

Qu'est-ce que tu veux faire ce soir? *What would you like to do this evening?*

Où veux-tu aller? *Where would you like to go?*

Qu'est-ce qu'on va faire ce soir? *What shall we do this evening?*

Est-ce qu'on peut aller dans une discothèque? *Can we go to the disco?*

Est-ce qu'on peut louer une vidéo? *Can we hire a video?*

Je voudrais aller au cinéma *I would like to go to the cinema*

Qu'est-ce qu'on passe comme film? *What is on at the cinema?*

On passe un film d'aventures *There's an adventure film*

Qu'est-ce qu'on donne au théâtre? *What play is on at the theatre?*

Il y a une pièce de Roald Dahl *There is a play by Roald Dahl*

On sort (suite) Going out (cont)

Tu as vu Harry Potter? *Have you seen Harry Potter?*
C'est déjà en vidéo? *Is it already on video?*

On se retrouve à quelle heure? *What time shall we meet?*
A sept heures *At seven o'clock*
Je te verrai à sept heures ce soir *I'll see you at 7 this evening*

Le film/La pièce commence à quelle heure? *When does the film/the play begin?*
Il/Elle commence à huit heures *It begins at 8 o'clock*
A quelle heure finit-il/elle? *When does it finish?*
Il/Elle finit à dix heures et demie *It finishes at half past ten*

Les billets coûtent combien? *How much do the tickets cost?*
Ils coûtent quatre euros *They cost four euros*

C'est combien au balcon/à l'orchestre? *How much is a seat in the balcony/the stalls?*
Deux balcons, s'il vous plaît *Two tickets for the balcony, please*
Un billet à l'orchestre, s'il vous plaît *One ticket in the stalls, please*

Où est-ce qu'on se retrouve? *Where shall we meet?*
On se retrouve devant le cinéma *I'll see you outside the cinema*

Qu'est-ce que tu as fait? What did you do?

Qu'est-ce que tu as fait samedi dernier? *What did you do last Saturday?*
Samedi matin je suis allé(e) en ville *On Saturday morning I went into town*
Après le déjeuner j'ai joué au foot/hockey *After lunch I played football/hockey*
Le soir j'ai regardé la télévision *In the evening I watched TV*

Qu'est-ce que tu as fait hier soir? *What did you do last night?*
J'ai écouté de la musique et j'ai lu *I listened to music and I read*
J'ai fait mes devoirs *I did my homework*

Qu'est-ce que tu as fait dimanche dernier? *What did you do last Sunday?*
Dimanche matin je suis allé(e) à l'église *On Sunday morning I went to church*
L'après-midi, j'ai joué avec mon ordinateur *In the afternoon I played on my computer*
Puis je suis allé(e) à la piscine *Then I went to the swimming pool*
Le soir, j'ai fini mes devoirs *In the evening I finished my homework*

POCKET MONEY

Géneralitiés **General**

beaucoup .... a lot
cher (chère) .... expensive
pauvre .... poor
riche .... rich
par semaine .... each week

Des verbes utiles **Useful verbs**

acheter † .... to buy
coûter .... to cost
dépenser .... to spend
faire des économies *irreg* . to save

L'argent de poche Pocket money

Combien d'argent de poche as-tu par semaine? *How much pocket money do you get a week?*
J'ai cinq livres par semaine *I get £5 per week*
Qu'est-ce que tu fais de ton argent de poche? *What do you do with your pocket money?*
J'achète des vêtements *I buy clothes*

CELEBRATIONS

Généralités **General**

le jour de l'An .... New Year's Day
le jour de Noël .... Christmas Day
le jour de Pâques .... Easter Day
le jour des Rois .... Twelfth Night
la Saint-Sylvestre .... New Year's Eve
le Ramadan .... Ramadan
le Sabbat .... Sabbath
la Pâque juive .... Passover
le nouvel an juif .... Rosh Hashana

l'anniversaire (m) .... birthday

l'arbre de Noël (m) .... Christmas tree
le cadeau .... present
la carte .... card
la fête .... name day
le gâteau .... cake
le Père Noël .... Father Christmas

Des verbes utiles **Useful verbs**

acheter † .... to buy
envoyer † .... to send
fêter .... to celebrate
offrir *irreg* .... to give as a present

Les fêtes Celebrations

J'achète un cadeau pour ma mère *I buy/I'm buying a present for my mother*
J'achète une carte pour ma cousine *I buy/I'm buying a card for my cousin*
J'envoie une carte à mon correspondant/à ma correspondante *I send/I'm sending my penfriend a card*
J'offre une bouteille de vin à mon père *I give/I'm giving my father a bottle of wine*
La veille de Noël nous chantons des chants de Noël *We sing carols on Christmas Eve*
Mon anniversaire est le vingt et un juin *My birthday is on June 21st*
Mes parents m'ont offert un portable *My parents gave me a mobile (phone)*

HOLIDAYS

Généralités General

le bureau de renseignements .. information office
la carte bancaire................ cheque card
la carte de la région .... map of the area
les chèques de voyage (mpl) .. traveller's cheques
le dépliant .... brochure
l'excursion (f).................. trip, outing
le passeport....................... passport
la photo .... photo
le plan (de la ville)........... (town) plan
la région........................... region, area
le sac à dos .... rucksack
le séjour .... stay
le touriste, la touriste........ tourist
tout le monde.................... everybody
les vacances (fpl)............. holidays
la valise............................ suitcase
la visite .... visit
la visite (scolaire)............ (school) visit
le voyage .... journey

Des verbes utiles Useful verbs

s'amuser * *refl*................. to have a good time
être en vacances *irreg*....... to be on holiday
partir* en avion *irreg* .... to leave by plane
partir* en vacances *irreg*.. to go on holiday
passer quinze jours .... to spend a fortnight
rester* .... to stay

On fait du camping Going camping

les allumettes (fpl)........... matches
le bac à vaisselle.............. washing up sink
le bloc sanitaire .... toilet block
le bol .... bowl
la bouteille de gaz............ gas cylinder
le bureau d'accueil .... reception
le campeur .... camper
le camping .... camping
le canif............................ penknife
le carnet de camping........ camping carnet
la cuisinière à gaz .... gas cooker
l'eau potable (f) .... drinking water
l'eau non potable (f) .... non-drinking water
l'éléctricité (f).................. electricity
l'emplacement (m)........... pitch
le feu de camp.................. camp fire
la lampe éléctrique........... torch
la laverie .... laundrette
la lessive .... clothes washing
le lit de camp .... camp bed

la location de vélos .... bike hire
le lave-linge .... washing machine
le matériel de camping ..... camping equipment
la piscine.......................... pool
la prise de courant............ power point
les provisions (fpl)........... food
le sac de couchage .... sleeping bag
la salle de jeux .... games room
la tente .... tent
le véhicule........................ vehicle

C'est comment? What is it like?

à emporter........................ to take away
à l'ombre.......................... in the shade
à proximité de .... near to
au soleil............................ in the sun
complet .... full
loin (de) .... far (from)
municipal (municipale)..... council-run
toute l'année .... all year round

Des verbes utiles Useful verbs

camper .... to camp
chercher .... to look for
coûter .... to cost
dresser une tente .... to put up a tent
faire du camping *irreg*..... to go camping
faire la cuisine *irreg* .... to cook
payer † .... to pay (for)

L'auberge de jeunesse Youth hostel

le père aubergiste ....(male) warden
la mère aubergiste ....(female) warden
le/la responsable................organiser, party leader
l'auberge de jeunesse (f) ...youth hostel
la bienvenue ....welcome
le bureau............................office
la carte d'adhérent............membership card
la couverture......................blanket
la cuisine ....kitchen
le dortoir............................dormitory
le drap-sac ....sheet sleeping bag
l'eau chaude (f) ....hot water
le linge..............................linen
la nuit................................night
la poubelle.........................rubbish bin
la salle à manger................dining room
la salle de séjour...............day room
le silence...........................silence
le tarif...............................price list

C'est comment? Describing it

complet.............................full
défendu (défendue) ....forbidden
obligatoire ....compulsory
sauf...................................except
toute l'année......................all year round

Des verbes utiles Useful verbs

aider..................................to help
fermer ....to shut
louer ....to hire, to let
organiser...........................to organise
ouvrir *irreg*.......................to open
ranger † ....to tidy up
remercier ....to thank

A l'hôtel At the hotel

l'ascenseur (m).................lift
le bain...............................bath
la chambre ....(bed)room
la clé .... key
la date .... date
la demi-pension .... half board
la douche .... shower
l'escalier (m) .... staircase
l'étage (m) .... floor, storey
le garçon .... waiter
le parking.......................... car park
le patron............................ manager, owner
la pension complète......... full board
la pension.......................... guest house
le petit déjeuner .... breakfast
le prix............................... price
la réception .... reception
le/la réceptionniste .... receptionist
le restaurant .... restaurant
le rez-de-chaussée .... ground floor
la salle de bains .... bathroom
la sortie de secours .... emergency exit
le sous-sol .... basement
le téléviseur .... TV set
les toilettes (fpl)............... toilet

C'est comment? Describing it

bruyant (bruyante)............ noisy
compris .... included
confortable........................ comfortable
disponible .... available
grand (grande) .... big
de grand confort .... very comfortable
de grand luxe .... luxurious
non compris .... not included
occupé (occupée).............. occupied
pas cher (chère) .... not expensive
pas trop cher (chère)......... not too expensive
privé (privée).................... private
seul (seule)........................ alone

avec.................................. with
pour.................................. for
sans .... without

Au bord de la mer — At the seaside

le bateau .... boat
le bateau gonflable .... inflatable boat
le chapeau de soleil .... sun hat
le château de sable........... sand castle
le coup de soleil............... sunburn
le crème solaire .... sun cream
le dériveur........................ dinghy
la glace .... ice cream
l'huile solaire (f).............. suntan oil
le maillot de bain............. swimming costume
la marée basse/haute......... low/high tide
la mer............................... sea
la plage .... beach
la plage (non) surveillée ... (un)supervised beach
le port............................... port
le port de plaisance.......... yacht marina
le poste de secours........... first aid post
le sable............................. sand

Des verbes utiles — Useful verbs

se baigner* *refl* .... to swim
se bronzer* *refl* .... to sunbathe
faire de la planche à voile *irreg* .... to windsurf
faire une promenade en bateau .... to take a boat trip
faire du ski nautique .... to water ski
faire du surf .... to surf
faire de la voile .... to sail

Les vacances Holidays

Où passes-tu les grandes vacances? *Where do you spend your summer holidays?*
Je vais au bord de la mer *I go to the seaside*
Je vais à la campagne *I go to the country*
Je fais du camping *I go camping*
Je fais des randonnées en montagne *I walk in the mountains*
Je vais voir mes cousins *I go and see my cousins*

Combien de temps passes-tu au bord de la mer? *How long do you stay at the seaside?*
Je passe une quinzaine au bord de la mer *I stay at the seaside for a fortnight*

Quel temps fait-il? *What is the weather like?*
Il fait chaud. Il fait du soleil *It is hot. It is sunny*

Est-ce que tu nages dans la mer? *Do you go swimming in the sea?*
Oui, je nage et je fais de la planche à voile *Yes, I swim and windsurf*

Est-ce que tu passes du temps à la plage? *Do you spend time on the beach?*
Oui, je vais à la plage tous les jours *Yes, I go to the beach every day*

Qu'est-ce que tu fais le soir? *What do you do in the evening?*
Le soir, nous allons dans une discothèque *In the evening we go to a disco*
Nous faisons un tour de la ville *We walk round the town*

Où vas-tu passer les vacances de Pâques? *Where are you going to spend the Easter holidays?*
J'irai en France *I shall be going to France*
Qu'est-ce que tu feras en France? *What are you going to do in France?*
J'irai chez ma correspondante *I am going to stay with my penfriend*
Je ferai un échange scolaire *I shall be going on a school exchange*

Où as-tu passé les vacances l'année dernière? *Where did you go on holiday last summer?*
L'année dernière, nous sommes allés en Cornouailles *Last year we went to Cornwall*

Est-ce que tu as visité des châteaux? *Did you visit any stately homes?*
Non, je n'aime pas les châteaux *No, I don't like stately homes*

Mes vacances My holidays

TOWN

En ville — In town

l'aéroport (m) .... airport
l'agence de voyages (f) .... travel agent's
la banque .... the bank
le bâtiment .... building
la bibliothèque .... library
le bureau .... office
la cathédrale .... cathedral
le centre commercial .... shopping centre
le château .... castle, stately home
le cinéma .... cinema
le commissariat .... police station
l'église (f) .... church
la gare .... station
la gare routière .... bus station
la gendarmerie .... police station
l'hôpital (m) .... hospital
l'hôtel (m) .... hotel
l'hôtel de ville (m) .... town hall
le magasin .... shop
la mairie .... town hall
le marché .... market
le musée .... museum
la poste .... post office
le stade .... sports stadium
la station-service .... filling station
le théâtre .... theatre
l'usine (f) .... factory
la ville .... town

COUNTRY

A la campagne — In the country

le bois .... wood
la colline .... hill
la ferme .... farm
la forêt .... forest
l'île (f) .... island
le lac .... lake
la montagne .... mountain
le pays .... country, region
la province .... province
la région .... region, district
la rivière .... river
la vallée .... valley
le village .... village

Où est-ce? — Where is it?

au centre de .... in the middle of
à côté de .... beside
devant .... in front of, outside
à droite de .... to the right of
en face de .... opposite
à gauche de .... to the left of
à 10 km de .... 10 km from
loin de .... far from
le long de .... along
près de .... near
situé à .... situated in/at

au nord .... in the north
au sud .... in the south
à l'est .... in the east
à l'ouest .... in the west

Le/la voici — Here it is

Voici ... . Here is ...
Voilà ... . There is ...
là-bas .... over there
C'est tout près .... It's very near
C'est assez loin .... It's quite a long way
On va par ici .... You go this way
On va par là .... You go that way

C'est comment? What is it like?

joli (jolie)............................pretty
touristique..........................popular with tourists
historique...........................historic
industriel (industrielle)......industrial
pittoresque.........................picturesque
tranquille ....quiet

Des verbes utiles Useful verbs

aller* voir *irreg* .... to visit (person)
se balader* *refl* .... to go for a walk/stroll
jouer................................. to play
marcher............................. to walk
nager † .... to swim
se promener* † *refl*.......... to go for a walk
visiter................................ to visit
voir *irreg* .... to see

En ville et à la campagne In town and in the country

Où habites-tu? *Where do you live?*

J'habite Worcester *I live in Worcester*

C'est une grande ville/un petit village? *Is it a big town/a little village?*

C'est une grande ville *It is a large town*

Où se trouve Worcester? *Where is Worcester?*

C'est au centre de l'Angleterre *It is in the centre of England*

Combien d'habitants y a-t-il? *How many people live there?*

Il y a cent mille habitants *100,000 people live there*

Qu'est-ce qu'il y a dans ton quartier? *What is there in your part of town?*

Il y a des maisons, des magasins, une église *There are houses, shops, a church*

Qu'est-ce qu'on peut voir dans ta ville? *What is there to see in your town?*

Il y a un musée, un cinéma, un théâtre *There is a museum, a cinema, a theatre*

Qu'est-ce qu'on peut faire à Worcester? *What is there to do in Worcester?*

On peut visiter la cathédrale *You can go and see the cathedral*

Quels équipments sportifs y a-t-il? *What facilities are there for sport?*

Il y a un terrain de football et une piscine *There is a football ground and a swimming pool*

J'habite dans un petit village qui s'appelle Elmbridge *I live in a little village called Elmbridge*

Il y a la poste, l'alimentation générale et l'église
There is the Post Office, the village shop and the church

La rivière est près du village *The river is near the village*

Préfères-tu la ville ou la campagne? *Do you prefer the town or the country?*

Je préfère la ville/la campagne *I prefer the town/the country*

ASKING THE WAY

Des points de repère Landmarks

l'arrêt d'autobus (m) .... bus stop
la boîte aux lettres .... letter box
la cabine téléphonique...... phone box
le carrefour .... crossroads
le centre commercial .... shopping centre
le centre-ville.................... town centre
le coin .... corner
les feux (mpl) .... traffic lights
le jardin public.................. park
le kiosque .... kiosk, stall
le métro.............................. underground
la place .... square
le pont................................ bridge
le port .... port
le quartier .... district
le rond-point .... roundabout
la rue .... street
la zone piétonne................ pedestrian precinct

Où est-ce? Where is it?

avant le kiosque................ before you get to the kiosk
au coin de la rue .... on the street corner
près de la place .... near the square
loin de la gare .... a long way from the station
à côté de la poste .... next to the post office
entre le pont et les feux..... between the bridge and the lights
en face de la banque .... opposite the bank
après le carrefour .... after the crossroads
derrière le théâtre.............. behind the theatre
devant le cinéma .... in front of the cinema

Des panneaux Signs

défense d'entrer .... no entry
défense de marcher sur le gazon
.... keep off the grass
réservé aux piétons .... pedestrians only
sens unique .... one way
toutes directions................ through traffic

Des verbes utiles Useful verbs

aller* *irreg* .... to go
continuer .... to continue
descendre* .... to go down
monter* .... to go up
prendre *irreg* .... to take
rouler .... to go (of a vehicle)
tourner .... to turn
traverser .... to cross

Pour aller à ... How do I get to ...?

Pardon Monsieur/Madame *Excuse me*

Merci, Monsieur/Madame *Thank you*

De rien *Not at all*

Où est la gare, s'il vous plaît? *Where is the station, please?*

Tournez à gauche *Turn left*

Où se trouve la poste, s'il vous plaît? *Where is the post office, please?*

Tournez à droite *Turn right*

Pour aller au centre-ville, s'il vous plaît? *How do I get to the town centre, please?*

Allez tout droit *Go straight on*

C'est à quelle distance? *How far is it?*

C'est à deux kilomètres d'ici *It is two kilometres*

On peut prendre un autobus? *Can I go by bus?*

Il y a un autobus toutes les 10 minutes *There is a bus every 10 minutes*

Je cherche l'hôtel de ville, s'il vous plaît *I'm looking for the town hall, please*

C'est loin d'ici? *Is it far from here?*

Non, c'est tout près *No, it's close by*

On peut y aller à pied? *Can I walk there?*

Oui, allez jusqu'aux feux, puis tournez à gauche *Yes, go as far as the lights, then turn left*

Passez devant le commissariat *Go past the police station*

Il y a une banque près d'ici, s'il vous plaît? *Is there a bank nearby, please?*

Traversez la rue et c'est sur votre droite *Cross the road and it's on your right*

Montez/Descendez la rue *Go up/down the street*

Prenez la première à droite *Take the first right*

WEATHER

Généralités — General

Généralités	General
l'averse (f)	shower, downpour
le ciel	sky
l'éclair (m)	flash of lightning
la glace	ice
la neige	snow
le nuage	cloud
le soleil	sun
la tempête	storm
le tonnerre	thunder
le vent	wind
couvert	cloudy
doux	mild
ensoleillé	sunny

Le temps — The weather

Le temps	The weather
Il fait beau	*It is fine*
Il fait chaud	*It is hot*
Il fait froid	*It is cold*
Il fait mauvais	*The weather is bad*
Il fait 30 degrés	*It is 30 degrees*
Il fait du brouillard	*It is foggy*
Il fait du soleil	*It is sunny*
Il fait du vent	*It is windy*
Il y a de l'orage	*It is stormy*
Il y a des nuages	*It is cloudy*
Il gèle	*It is freezing*
Il neige	*It is snowing*
Il pleut	*It is raining*
Hier il a fait beau	*It was fine yesterday*
Hier il a neigé	*It snowed yesterday*
Hier il a plu	*It rained yesterday*
La semaine dernière il faisait chaud	*It was hot last week*
La semaine dernière il pleuvait	*It was raining last week*
Demain il va faire froid	*It will be cold tomorrow*
Demain il va pleuvoir	*It will rain tomorrow*

SHOPPING

Généralités — General

Généralités	General
le caissier, la caissière	cashier
le client	customer
le marchand	(market) trader
le passant	passer-by
le vendeur, la vendeuse	sales assistant

Les magasins — The shops

Les magasins	The shops
l'alimentation générale (f)	general food shop
la boucherie	butcher's shop
la boulangerie	baker's shop
la boutique	small shop
le (bureau de) tabac	tobacconist's shop
la charcuterie	delicatessen
le coiffeur	hairdresser's salon
la confiserie	sweet shop
la crémerie	dairy produce shop
l'épicerie (f)	grocer's shop
la grande surface	hypermarket
la librairie	bookshop
le magasin de vêtements	clothes shop
le marché	market
la pâtisserie	cake shop
la pharmacie	chemist's shop
la poissonnerie	fish shop
la quincaillerie	ironmonger's shop
le supermarché	supermarket

Au magasin — In the shop

Au magasin	In the shop
l'ascenseur (m)	lift
le caddie	trolley
le chariot	trolley
le commerçant	shopkeeper
le comptoir	counter
le dernier étage	top floor
l'escalier roulant (m)	escalator
l'étage (m)	floor
le rayon	shelf, department
le rez-de-chaussée	ground floor
le sous-sol	basement
la vitrine	shop window

Des panneaux — Signs

Des panneaux	Signs
à vendre	for sale
entrée	entrance
entrée libre	browsers welcome
en vente ici	on sale here
fermé	closed
fermeture annuelle	annual holiday
heures d'ouverture	opening hours
libre service	self service
ouvert tous les jours	open 7 days a week
payez à la caisse	pay at the cash desk
prière de ne pas toucher	please do not touch
prix chocs	fantastic prices
prix réduits	reductions
(en) promotion	on special offer
poussez	push
servez-vous	self service
soldes	sale
sortie (de secours)	(emergency) exit
tirez	pull

On achete des vêtements — Buying clothes

On achete des vêtements	Buying clothes
le blouson	jacket
le chapeau	hat
la chemise	shirt
le chemisier	blouse
l'imperméable (m)	raincoat
le jean	jeans
le jogging	tracksuit
la jupe	skirt
le maillot de bain	swimsuit
le manteau	coat
le pantalon	trousers
le pullover, le pull	pullover
la robe	dress
le short	shorts
le slip de bain	swimming trunks
le survêtement	tracksuit
le sweat	sweatshirt

la chemise de nuit............ nightdress
la chaussette .... sock
le collant .... tights
le pyjama .... pyjamas
la robe de chambre .... dressing gown
le slip .... (under)pants
le soutien-gorge .... bra

la ceinture .... belt
le mouchoir (en papier) .... (paper) handkerchief
le complet .... suit
l'écharpe (f) .... scarf
le gant .... glove
le sac .... bag

On achete des chaussures — Buying shoes

les baskets (mpl).............. trainers
la botte .... boot
le chausson .... slipper
la chaussure .... shoe
la sandale .... sandal
une paire de … .... a pair of …

Le tissu — Material

C'est en coton.................. It's cotton
C'est en cuir .... It's leather
C'est en laine.................... It's wool
C'est en plastique .... It's plastic

On achète à manger — Buying food and drink

La viande — Meat

l'agneau (m) .... lamb
le bifteck .... steak
le bœuf .... beef
le canard .... duck
la dinde .... turkey
le jambon .... ham
le lapin .... rabbit
la merguez .... spicy sausage
le mouton .... mutton
le porc .... pork
le poulet .... chicken
le rôti .... roast meat
le steak .... steak
le steak haché.................... mince, beefburger
le veau .... veal

Les légumes — Vegetables

l'ail (m) .... garlic
la carotte .... carrot
le champignon .... mushroom
le chou .... cabbage
le chou-fleur .... cauliflower
le concombre .... cucumber
les épinards (mpl) .... spinach
le haricot .... bean
le haricot vert .... green/French bean
la laitue .... lettuce
l'oignon (m) .... onion
les petits pois (mpl) .... peas
la pomme de terre .... potato
le riz .... rice
la salade .... salad
la tomate .... tomato

Les fruits — Fruit

l'abricot (m) .... apricot
l'ananas (m) .... pineapple
la banane .... banana
la cerise .... cherry
le citron .... lemon
la fraise .... strawberry
la framboise .... raspberry
le melon .... melon
la noix .... nut
l'orange (f) .... orange
le pamplemousse .... grapefruit
la pêche .... peach
la poire .... pear
la pomme .... apple
la prune .... plum
le raisin .... grape

D'autres choses à manger **Other foods**

la baguette ....baguette
le beurre............................butter
le biscuit ....biscuit
le bonbon ....sweet
les chips (mpl) ....crisps
le chocolat ....chocolate
la confiture ....jam
la crème ....cream
le croissant.........................croissant
les frites (fpl) ....chips
le fromage..........................cheese
le gâteau ....cake
la glace ....ice cream
les huîtres (fpl) ....oysters
les moules (fpl).................mussels
les nouilles (fpl) ....pasta, noodles
l'œuf (m) ....egg
le pain (complet) ....(wholemeal) bread
les pâtes (fpl)....................pasta
le poisson..........................fish
le sandwich (au jambon) ...(ham) sandwich
le sucre ....sugar
la tarte (aux pommes)........(apple) tart
le yaourt............................yoghurt

Des boissons — Drinks

Je bois ... **I drink ...**

du café ....coffee
du chocolat ....chocolate
du coca ....Coca-Cola®
de l'eau minérale (f)..........mineral water
du jus d'orange.................orange juice
du jus de pomme ....apple juice
du lait................................milk
de la limonade ....lemonade
du thé (au citron) ....(lemon) tea

de la bière..........................beer
du cidre.............................cider
du vin blanc.......................white wine
du vin rouge ....red wine

Des souvenirs — Souvenirs

Je voudrais ... **I would like ...**

un agenda scolaire .... a school diary
une bande dessinée (BD).. a comic strip
des biscuits .... some biscuits
une carte-postale.............. a postcard
un CD .... a CD
un livre d'Astérix .... an Astérix book
des timbres....................... some stamps

Combien en voulez-vous? How much do you want?

une boîte de ... . a box/jar/tin of ...
une bouteille de ... . a bottle of ...
500 grammes de ... . 500 grammes of ...
un demi-litre de ... . half a litre of ...
cent grammes de ... . 100 g of ...
un kilo de ... . a kilo of ...
un litre de ... . a litre of ...
un paquet de ... . a packet of ...
une tranche de ... . a piece/slice of ...

Des verbes utiles — Useful verbs

accepter............................ to accept
acheter † .... to buy
aimer................................ to like
aimer mieux...................... to prefer
boire *irreg*........................ to drink
chercher .... to look for
coûter .... to cost
demander .... to ask for
désirer .... to want, to wish for
essayer † .... to try on
fermer .... to close
manger † .... to eat
ouvrir *irreg* .... to open
payer † .... to pay for
porter .... to wear
préférer † .... to prefer
prendre *irreg*..................... to take
vendre .... to sell
vouloir *irreg* .... to wish, to want

On fait des courses Going shopping

Le magasin ouvre à quelle heure, s'il vous plaît? *What time does the shop open, please?*

Le magasin ferme à quelle heure, s'il vous plaît? *What time does the shop close, please?*

C'est à qui maintenant? *Who is next?*

C'est à moi *I'm next*

Qu'est-ce que vous voulez? *What would you like?*

On peut regarder? *Can I look round?*

Je voudrais ... *I would like ...*

Je cherche ... *I'm looking for ...*

Vendez-vous ...? *Do you sell ...?*

Donnez-moi ..., s'il vous plaît *Give me ..., please*

Je prendrai cela *I'll take that*

Je le/la prendrai *I'll take it*

Je ne le/la prends pas *I won't take it*

C'est quelle taille? *What size is it?*

Grand/moyen/petit *Large/medium/small*

Quelle est votre taille? *What size are you?* (for clothes)

Quelle est votre pointure? *What size do you take?* (for shoes)

C'est trop petit/grand/court/cher *It's too small/big/short/expensive*

Ça coûte combien, s'il vous plaît? *How much is it, please?*

Je vous dois combien? *How much do I owe you?*

Est-ce que je paie à la caisse? *Do I pay at the desk?*

Payez à la caisse *Pay at the desk*

Je n'ai qu'un billet de 20 euros *I've only got a 20 euro note*

Avez-vous la monnaie de 20 euros, s'il vous plaît? *Have you change for 20 euros, please?*

Voici la monnaie *Here is the change*

C'est pour mon père/ma mère *It's for my father/my mother*

C'est pour offrir *It's for a present*

Pouvez-vous faire un paquet cadeau, s'il vous plaît? *Can you gift wrap it, please?*

Et avec ça?/Et avec ceci? *Anything else?*

Il y a autre chose? *Is there anything else?*

C'est tout, merci *That's all, thank you*

POST OFFICE AND BANK

A la poste — At the post office

l'adresse (f) ....address
par avion............................by air mail
la boîte aux lettres ....letter box
le bureau de poste.............post office
la carte postale..................postcard
le facteur............................postman
le guichet ....counter position
la lettre...............................letter
la prochaine levée.............the next collection
le paquet .... parcel
la poste............................. post office
le tabac............................. tobacconists (you can buy stamps there)

Des verbes utiles — Useful verbs

envoyer † .... to send
poster .... to post
mettre à la poste *irreg*....... to post

A la poste At the post office

Une lettre pour le Royaume-Uni, ça coûte combien? *How much does it cost for a letter to the UK?*
Je voudrais cinq timbres pour le Royaume-Uni *I would like five stamps for the UK*
Avez-vous des pièces de deux euros, s'il vous plaît? *Have you any 2 euro coins, please?*
Je voudrais envoyer un paquet en Grande Bretagne *I want to send a parcel to the UK*
Où est la boîte aux lettres, s'il vous plaît? *Where is the letter box, please?*

On peut téléphoner d'ici, s'il vous plaît? *Can I phone from here, please?*
Il y a une cabine téléphonique près d'ici? *Is there a phone box nearby?*
Vendez-vous des télécartes? *Do you sell phone cards?*
Je voudrais une télécarte de 50 unités, s'il vous plaît *I would like a 50-unit phone card, please*

A la banque — At the bank

l'argent (m) ....money
la banque ....bank
le billet de vingt euros.......20 euro note
le bureau de change...........exchange office
la caisse ....till
la carte de crédit................credit card
le cent ....cent
le chèque (de voyage) ....(travellers) cheque
le centime d'euro ....cent
la commission.................. commission
le distributeur de billets.... cash machine
l'euro (m)......................... euro, €
la monnaie .... change, currency
le numéro de compte .... account number
le passeport...................... passport
la pièce d'identité .... proof of identity
le taux de change .... exchange rate

A la banque At the bank

Je voudrais changer de l'argent, s'il vous plaît *I'd like to change some money, please*
Je voudrais changer des chèques de voyage *I'd like to change some travellers cheques*
Combien vaut la livre, s'il vous plaît? *What is the rate for the pound, please?*
Une pièce d'identité? Voilà mon passeport *Proof of identity? Here is my passport*

TRAVEL AND TRANSPORT

Les moyens de transport — Means of transport

l'autobus (m) .... bus
le camion .... lorry
la camionnette .... van
le car .... coach
le métro .... underground, metro
la motocyclette .... moped
la moto .... motorbike
le train .... train
le vélo .... bike
le VTT (vélo tout terrain). mountain bike
la voiture .... car

On prend le train — Train travel

le buffet .... buffet (car)
la consigne (automatique) left luggage (lockers)
la gare SNCF .... railway station
le guichet .... ticket office
l'horaire (m) .... timetable
le quai .... platform
le rapide .... express
les renseignements (mpl).. information
la salle d'attente .... waiting room
la station de taxis .... taxi rank
le TGV .... high speed train
le train .... train
la voie .... track
la voiture .... carriage

un aller simple .... a/one single ticket
un aller-retour .... a/one return ticket
le billet .... ticket
la deuxième classe .... standard class
la première classe .... first class

l'arrivée (f) .... arrival
le chemin de fer .... railway
les correspondances (fpl).. connections
le départ .... departure
le (non-)fumeur .... (non-)smoker
la réservation .... reservation
le retard .... delay
le voyageur .... traveller

On prend le bus — Bus travel

l'arrêt (m) .... bus stop
le carnet .... book of tickets
le composteur .... ticket validating machine
la gare routière .... bus station
la ligne .... line, route
le numéro .... number
le tarif .... fare
le ticket .... ticket

On prend l'avion — Air travel

l'aéroport (m) .... airport
l'avion (m) .... plane
l'hôtesse de l'air (f) .... flight attendant
le steward .... steward (plane)
le pilote .... pilot
le vol .... flight

On traverse la Manche — Crossing the Channel

le bateau .... boat
le car-ferry .... car ferry
la gare maritime .... ferry terminal
la mer .... sea
la navette .... shuttle
le port .... port
le shuttle .... shuttle
la traversée .... crossing
le tunnel sous la Manche .. Channel Tunnel

agité (agitée) .... rough
calme .... smooth
à l'heure .... on time
en retard .... late

Des verbes utiles Useful verbs

acheter † ....to buy
aller* *irreg*.........................to go
aller* à pied *irreg*.............to go on foot, to walk
aller* chercher *irreg*..........to fetch
s'arrêter* *refl*.....................to stop
arriver* ....to arrive
attendre..............................to wait (for)
atterrir................................to land
changer † ....to change
chercher.............................to look for
composter ....to time stamp a ticket
consulter ....to consult
contrôler ....to examine, to check
décoller..............................to take off (plane)
descendre* (de) ....to get off/out of
durer ....to last
s'installer* *refl* ....to find a seat
manquer.............................to miss
marcher............................. to walk
monter* (dans).................. to get on/into
monter* sur le pont.......... to go up on deck
partir* (de) *irreg*.............. to leave (from)
passer .... to pass (time)
prendre l'avion *irreg* .... to fly
prendre le car *irreg*.......... to catch a coach
prendre le train *irreg* .... to catch the train
rater.................................. to miss (train)
rentrer* .... to return home
sortir* *irreg* .... to go out
se trouver* *refl* .... to be situated
se renseigner* *refl* (sur).... to find out (about)
traverser .... to cross
utiliser............................... to use
voyager en train † .... to go by train
voyager en autobus †........ to go by bus
voyager en car † .... to go by coach
voyager à vélo/bicyclette †..... to travel by bike

On prend le train Going by train

Où est la gare, s'il vous plaît? *Where is the station, please?*
C'est à quelle distance d'ici? *How far is it from here?*
Ça se trouve où exactement? *Where is that exactly?*

Où sont les guichets? *Where is the ticket office?*
Où sont les toilettes? *Where are the toilets?*

Le train pour Paris part à quelle heure, s'il vous plaît? *What time does the train for Paris leave, please?*
Le prochain train pour Nantes part à quelle heure? *What time does the next train for Nantes leave?*
Le dernier train pour Calais part à quelle heure? *What time does the last train for Calais leave?*
Le train en provenance de Calais arrive à quelle heure? *What time does the train from Calais arrive?*
Il y a un train pour Nantes ce matin? *Is there a train to Nantes this morning?*
A quelle heure/Quand est-ce qu'il arrive? *What time does it arrive?*

Le train part de quel quai? *Which platform does it leave from?*
Où est le quai numéro 9, s'il vous plaît? *Where is platform 9, please?*
C'est direct? *Is it a through train?*

On prend le train (suite) Going by train (cont)

Un aller simple pour Marseille, s'il vous plaît *A single to Marseilles, please*

Un aller-retour de deuxième classe pour Bordeaux *A second class return ticket to Bordeaux*

Quel est le prix d'un billet de première classe? *How much does a first class ticket cost?*

Je voudrais réserver une place, s'il vous plaît *I'd like to reserve a seat, please*

J'aimerais une place non-fumeurs *I'd like a non-smoking seat*

Le voyage dure combien de temps? *How long does the journey take?*

Le voyage dure deux heures à peu près *The journey lasts about two hours*

On prend l'autobus Going by bus

Où est l'arrêt d'autobus, s'il vous plaît? *Where is the bus stop, please?*

Un carnet de billets, s'il vous plaît *A book of tickets, please*

N'oubliez pas de valider/composter votre billet *Don't forget to stamp your ticket*

J'ai validé/composté mon billet *I've stamped my ticket*

Il y a un autobus tous les combien? *How often do the buses run?*

Il y a un autobus toutes les 10 minutes *There is a bus every 10 minutes*

A quelle heure part le premier/dernier autobus? *What time does the first/last bus leave?*

C'est bien l'autobus pour le centre-ville? *Is this the right bus for the town centre?*

Vous descendez à l'Hôtel de Ville *You get off at the Town Hall*

Il y a un car pour Rennes ce matin? *Is there a coach for Rennes this morning?*

Le car part à onze heures du matin *The coach leaves at 11.00 am*

On prend l'avion Flying

Un billet pour Londres, classe touriste, s'il vous plaît *A tourist class ticket to London, please*

Le prochain avion pour Paris part à quelle heure? *What time does the next plane for Paris leave?*

Est-ce qu'il y a un vol pour Toulouse demain? *Is there a flight to Toulouse tomorrow?*

Je voudrais une place dans la section non-fumeurs *I'd like a seat in the non-smokers' section*

Où sont les chariots, s'il vous plaît? *Where are the luggage trolleys, please?*

Est-ce qu'il y a un car qui va à l'aéroport? *Is there a coach to the airport?*

GENERAL WORDS AND PHRASES

On se salue — Exchanging greetings

On se salue	Exchanging greetings
Bonjour Monsieur, Madame	Good Morning
Bonjour Monsieur, Madame	Good Afternoon
Bonsoir Mademoiselle	Good Evening
Salut	Hi!
Au revoir	Goodbye
A bientôt	See you soon
A toute à l'heure	See you later
A demain	See you tomorrow
Comment ça va?/Ça va?	How are you?
Ça va très bien, merci	Very well, thank you
Je te présente Jean	May I introduce Jean?
Enchanté(e)	Pleased to meet you
S'il vous plaît	Please
Merci	Thank you
Pardon/Excusez-moi	Excuse me

Mots bouche-trou — Fillers

Mots bouche-trou	Fillers
Oui, bien sûr	Yes, of course
D'accord	Agreed
C'est gentil	That's nice
Volontiers/Avec plaisir	With pleasure
Je crois que oui	I think so
Je ne crois pas	I don't think so
Je suppose que oui	I suppose so
Probablement	I suppose so
Peut-être	Perhaps
Ça ne fait rien	It doesn't matter
Cela m'est égal	I don't mind
Quel dommage	What a shame

Les opinions — Opinions

Les opinions	Opinions
J'aime …	I like ...
Je n'aime pas …	I don't like ...
J'adore …	I love ...
Je déteste …	I hate ...
Je préfère …	I prefer …
C'est intéressant	It's interesting
C'est ennuyeux	It's boring

Des questions — Questions

Des questions	Questions
Combien (de) ...?	How many ...?
Combien (de) ...?	How much ...?
Comment?	How?
Comment est ...?	What is ... like?
Où?	Where?
Pourquoi?	Why?
Peut-on ...?	Can you ...?
Puis-je ...?	May I ...? Can I ...?
Quand?	When?
Quel (m), Quels? (mpl)	Which?
Quelle (f), Quelles? (fpl)	Which?
Qu'est-ce qui?	What?
Qu'est-ce que?/Que?	What?
Qui?	Who?
Y a-t-il ...?	Are/Is there ...?

Des prépositions — Prepositions

Des prépositions	Prepositions
à	to, at, in
à côté de	beside
après	after
avant	before
avec	with
chez	at the house of
dans	in
de	from, of
derrière	behind
devant	in front of
en	by, in, with
en face de	opposite
entre	between
par	by
pendant	during
pour	for, in order to
près de	near
sous	under
sur	on
sans	without
vers	towards (place), at, about (time)

Des vœux — Best wishes

Bon anniversaire! .... Happy Birthday!
Bonne année! .... Happy New Year!
Bonne chance! .... Good luck!
Bonne journée! .... Have a nice day!
Joyeux Noël .... Happy Christmas
Joyeuses Pâques .... Happy Easter!

Les nombres cardinaux — Cardinal numbers

0	zéro	20	vingt	80	quatre-vingts
1	un, une	21	vingt et un	81	quatre-vingt-un
2	deux	22	vingt-deux	82	quatre-vingt-deux
3	trois	23	vingt-trois	90	quatre-vingt-dix
4	quatre	24	vingt-quatre	91	quatre-vingt-onze
5	cinq	25	vingt-cinq	92	quatre-vingt-douze
6	six	26	vingt-six	100	cent
7	sept	27	vingt-sept	101	cent un
8	huit	28	vingt-huit	105	cent cinq
9	neuf	29	vingt-neuf	110	cent dix
10	dix	30	trente	150	cent cinquante
11	onze	31	trente et un	300	trois cents
12	douze	40	quarante	308	trois cent huit
13	treize	41	quarante et un	400	quatre cents
14	quatorze	50	cinquante	406	quatre cent six
15	quinze	60	soixante	1000	mille
16	seize	70	soixante-dix	2004	deux mille quatre
17	dix-sept	71	soixante et onze	5000	cinq mille
18	dix-huit	72	soixante-douze	1.000.000	un million
19	dix-neuf	79	soixante-dix-neuf	1.000.000.000	un milliard

Remember that

1. vingt et un, trente et un, quarante et un, cinquante et un, soixante et un, soixante et onze are not hyphenated
2. quatre-vingt-un and quatre-vingt-onze are hyphenated

La date — The date

C'est aujourd'hui le **premier** septembre.................. Today is September 1st
C'est aujourd'hui le deux janvier............................ Today is January 2nd
C'est aujourd'hui l**e huit** mars .... Today is March 8th
C'est aujourd'hui l**e onze** avril................................ Today is April 11th
C'est aujourd'hui le dix-neuf mai .... Today is May 19th
C'est aujourd'hui le quatorze juillet......................... Today is July 14th
Mon anniversaire est le dix novembre .... My birthday is November 10th
Je suis né(e) en dix-neuf cent quatre-vingt-treize ..... I was born in 1993

Les nombres ordinaux / Ordinal numbers

premier, première	first
deuxième	second
troisième	third
quatrième	fourth
cinquième	fifth
sixième	sixth
septième	seventh
huitième	eighth
neuvième	ninth
dixième	tenth
onzième	eleventh
douzième	twelfth
treizième	thirteenth
quatorzième	fourteenth
quinzième	fifteenth
seizième	sixteenth
dix-septième	seventeenth
dix-huitième	eighteenth
dix-neuvième	nineteenth
vingtième	twentieth
vingt et unième	twenty-first
vingt-deuxième	twenty-second

Quelle heure est-il? / Telling the time

Il est une heure	It is one o'clock
Il est deux heures	It is two o'clock
Il est trois heures cinq	It is five past three
Il est quatre heures dix	It is ten past four
Il est cinq heures et quart	It is quarter past five
Il est six heures vingt	It is twenty past six
Il est sept heures vingt-cinq	It is twenty five past seven
Il est huit heures et demie	It is half past eight
Il est deux heures moins vingt-cinq	It is twenty five to two
Il est trois heures moins vingt	It is twenty to three
Il est quatre heures moins le quart	It is quarter to four
Il est cinq heures moins dix	It is ten to five
Il est six heures moins cinq	It is five to six

Il est midi	It is midday/noon
Il est midi cinq	It is five past twelve
Il est midi et quart	It is quarter past twelve
Il est midi moins le quart	It is quarter to twelve
Il est minuit	It is midnight
Il est minuit dix	It is ten past twelve/midnight
Il est minuit et demi	It is half past twelve/midnight
Il est minuit moins dix	It is ten to twelve/midnight

Il est vingt heures	20:00
Il est vingt-deux heures quinze	22:15
Il est dix-huit heures trente	18:30
Il est treize heures quarante-cinq	13:45

Midi, matin et soir — Parts of the day

le jour .... day
la nuit .... night
le matin .... morning
l'après-midi .... afternoon
le soir .... evening
tous les jours .... every day

Les jours — Days

lundi .... Monday
mardi .... Tuesday
mercredi .... Wednesday
jeudi .... Thursday
vendredi .... Friday
samedi .... Saturday
dimanche .... Sunday

Les mois de l'année — Months of the year

janvier .... January
février .... February
mars .... March
avril .... April
mai .... May
juin .... June
juillet .... July
août .... August
septembre .... September
octobre .... October
novembre .... November
décembre .... December

Les couleurs — Colours

Masculine Singular	Feminine Singular	Masculine Plural	Feminine Plural	Meaning
bleu	bleue	bleus	bleues	blue
bleu **clair**	bleu clair	bleu clair	bleu clair	**light** blue
bleu **foncé**	bleu foncé	bleu foncé	bleu foncé	**dark** blue
bleu **marine**	bleu marine	bleu marine	bleu marine	**navy** blue
blanc	blanche	blancs	blanches	white
brun	brune	bruns	brunes	brown
gris	grise	gris	grises	grey
jaune	jaune	jaunes	jaunes	yellow
marron	marron	marron	marron	chestnut brown
noir	noire	noirs	noires	black
rouge	rouge	rouges	rouges	red
vert	verte	verts	vertes	green

Les adjectifs — Adjectives

Masculine Singular	Feminine Singular	Masculine Plural	Feminine Plural	Meaning
agréable	agréable	agréables	agréables	*pleasant, nice*
amusant	amusante	amusants	amusantes	*amusing, funny*
ancien	ancienne	anciens	anciennes	*old, former*
beau, bel	belle	beaux	belles	*beautiful*
bête	bête	bêtes	bêtes	*stupid*
bon	bonne	bons	bonnes	*good*
cher	chère	chers	chères	*dear, expensive*
chaud	chaude	chauds	chaudes	*hot*
chic	chic	chic	chic	*smart*
chouette	chouette	chouettes	chouettes	*super*
comique	comique	comiques	comiques	*funny*
content	contente	contents	contentes	*happy, pleased*
court	courte	courts	courtes	*short*
difficile	difficile	difficiles	difficiles	*difficult*
dangereux	dangereuse	dangereux	dangereuses	*dangerous*
ennuyeux	ennuyeuse	ennuyeux	ennuyeuses	*boring*
excellent	excellente	excellents	excellentes	*excellent*
facile	facile	faciles	faciles	*easy*
favori	favorite	favoris	favorites	*favourite*
froid	froide	froids	froides	*cold*
faux	fausse	faux	fausses	*false, wrong*
grand	grande	grands	grandes	*big, tall*
grave	grave	graves	graves	*serious*
gros	grosse	gros	grosses	*big, fat*
haut	haute	hauts	hautes	*high*
heureux	heureuse	heureux	heureuses	*happy*
important	importante	importants	importantes	*important*
impossible	impossible	impossibles	impossibles	*impossible*
intelligent	intelligente	intelligents	intelligentes	*intelligent*
jeune	jeune	jeunes	jeunes	*young*
joli	jolie	jolis	jolies	*pretty*

Les adjectifs (suite) / Adjectives (cont)

Masculine Singular	Feminine Singular	Masculine Plural	Feminine Plural	Meaning
laid	laide	laids	laides	*ugly*
large	large	larges	larges	*wide*
long	longue	longs	longues	*long*
maigre	maigre	maigres	maigres	*thin*
malade	malade	malades	malades	*ill*
malheureux	malheureuse	malheureux	malheureuses	*unhappy*
mauvais	mauvaise	mauvais	mauvaises	*bad*
moche	moche	moches	moches	*ugly, horrible*
naturel	naturelle	naturels	naturelles	*natural*
normal	normale	normaux	normales	*normal, usual*
nouveau, nouvel	nouvelle	nouveaux	nouvelles	*new*
pauvre	pauvre	pauvres	pauvres	*poor*
petit	petite	petits	petites	*small, little*
plein	pleine	pleins	pleines	*full*
possible	possible	possibles	possibles	*possible*
propre	propre	propres	propres	*clean, own*
sale	sale	sales	sales	*dirty*
sérieux	sérieuse	sérieux	sérieuses	*serious*
seul	seule	seuls	seules	*only, alone*
stupide	stupide	stupides	stupides	*stupid*
super	super	super	super	*great, fantastic*
typique	typique	typiques	typiques	*typical*
urgent	urgente	urgents	urgentes	*urgent*
vide	vide	vides	vides	*empty*
vrai	vraie	vrais	vraies	*true, real*
vieux, vieil	vieille	vieux	vieilles	*old*

Les villes / Towns and cities

Bruxelles	*Brussels*	Genève	*Geneva*
Cantorbéry	*Canterbury*	Douvres	*Dover*
Edimbourg	*Edinburgh*	Londres	*London*

L'Union européenne — The European Union

Pays *Country*	**Signification** *Meaning*	**Langue** *Language*	**Habitant** *Inhabitant*	**Adjectif** *Adjective*
l'Angleterre	*England*	l'anglais	un(e) Anglais(e)	anglais(e)
l'Écosse	*Scotland*	l'anglais	un(e) Écossais(e)	écossais(e)
l'Irlande du Nord	*N Ireland*	l'anglais	un(e) Irlandais(e)	irlandais(e)
l'Irlande/l'Eire	*Irish Republic*	l'irlandais, l'anglais	un(e) Irlandais(e)	irlandais(e)
le Pays de Galles	*Wales*	le gallois, l'anglais	un(e) Gallois(e)	gallois(e)
l'Allemagne	*Germany*	l'allemand	un(e) Allemand(e)	allemand(e)
l'Autriche	*Austria*	l'allemand	un(e) Autrichien(ne)	autrichien(ne)
la Belgique	*Belgium*	le français, le flamand	un(e) Belge	belge
le Danemark	*Denmark*	le danois	un(e) Danois(e)	danois(e)
l'Espagne	*Spain*	l'espagnol	un(e) Espagnol(e)	espagnol(e)
la Finlande	*Finland*	le finnois	un(e) Finlandais(e)	finlandais(e)
la France	*France*	le français	un(e) Français(e)	français(e)
la Grèce	*Greece*	le grec	un Grec, une Grecque	grec (grecque)
l'Italie	*Italy*	l'italien	un(e) Italien(ne)	italien(ne)
le Luxembourg	*Luxembourg*	le français, l'allemand	un(e) Luxembourgeois(e)	luxembourgeois(e)
les Pays Bas	*Netherlands*	le néerlandais	un(e) Néerlandais(e)	néerlandais(e)
le Portugal	*Portugal*	le portugais	un(e) Portugais(e)	portugais(e)
la Suède	*Sweden*	le suédois	un(e) Suédois(e)	suédois(e)

Des pays francophones — French speaking countries

l'Algérie	*Algeria*	le français	un(e) Algérien(ne)	algérien(ne)
le Canada	*Canada*	le français, l'anglais	un(e) Canadien(ne)	canadien(ne)
le Maroc	*Morocco*	le français	un(e) Marocain(e)	marocain(e)
la Polynésie	*Polynesia*	le français	un(e) Polynésien(ne)	polynésien(ne)
la Suisse	*Switzerland*	l'allemand, le français, l'italien, le romanche	un(e) Suisse	suisse
la Tunisie	*Tunisia*	le français	un(e) Tunisien(ne)	tunisien(ne)

D'autres pays — Other countries

l'Afrique	*Africa*	un(e) Africain(e)	africain(e)
les Antilles	*West Indies*	un(e) Antillais(e)	antillais(e)
la Chine	*China*	un(e) Chinois(e)	chinois(e)
les États-Unis	*America*	un(e) Américain(e)	américain(e)
l'Inde	*India*	un(e) Indien(ne)	indien(ne)
la Jamaïque	*Jamaica*	un(e) Jamaïcain(e)	jamaïcain(e)
le Japon	*Japan*	un(e) Japonnais(e)	japonnais(e)
le Pakistan	*Pakistan*	un(e) Pakistanais(e)	pakistanais(e)
la Russie	*Russia*	un(e) Russe	russe

GRAMMAR REMINDERS

Gender

French nouns are grammatically either masculine or feminine.
For each noun you have to learn whether it is masculine or feminine.
Masculine nouns use **le** for *the* and **un** for *a* or *an.*
Feminine nouns use **la** for *the* and **une** for *a* or *an.*
Both masculine and feminine nouns use **l'** for *the* in front of nouns which begin with a vowel or a silent **h**.
Both masculine and feminine nouns use **les** for *the* in front of plural nouns.
Both masculine and feminine nouns use **des** for *some* in front of plural nouns.

A, au, à la, à l', aux

There are five different ways of expressing the ideas: **at, to, at the, to the, in.**

To, in or **at,** with the name of a town is **à:**

	Il va **à** Paris	*He is going **to** Paris*
	Le collège est **à** Caen	*The school is **in (at)** Caen*

The words expressing the ideas of **to the** and **at the** match their noun:

masculine singular	Je vais **au** musée	*I am going **to the** museum*
feminine singular	Je vais **à la** banque	*I am going **to the** bank*
any noun starting with a vowel	Je vais **à l'**église	*I am going **to the** church*
any noun starting with a silent **h**	Je suis **à l'**hôtel	*I am **at the** hotel*
any plural noun	Je suis **aux** magasins	*I am **at the** shops*

Du, de la, de l', des, de

There are five different ways of expressing the ideas of **some**, **any** or **no.**
The words expressing the ideas of **some**, **any** or **no** match their noun:

masculine singular	J'achète **du** pain	*I buy **some** bread*
feminine singular	J'achète **de la** viande	*I buy **some** meat*
any noun starting with a vowel	J'achète **de l'**eau	*I buy **some** water*
any noun starting with a silent **h**	J'achète **de l'**huile d'olive	*I buy **some** olive oil*
any plural noun	J'achète **des** pommes	*I buy **some** apples*

If the sentence is negative, expressing **not any** or **no**, use **de** for all nouns (singular and plural) starting with a consonant, and **d'** for all nouns (singular and plural) starting with a vowel or a silent **h**.

	Je n'ai pas **de** pain	*I have **no** bread*
	Je n'ai pas **de** monnaie	*I have**n't** got **any** change*
	Je n'ai pas **d'**argent	*I have **no** money*
	Je n'ai pas **de** pommes	*I have**n't** got **any** apples*

Whose is it?

French has no equivalent of the apostrophe **s** which is used in English to signify ownership, so the words **du, de la, de l'** and **des** are also used for this purpose:

le chien **du** garçon	*the boy's dog (one dog, one boy)*
le chien **de la** fille	*the girl's dog (one dog, one girl)*
le chien **de l'**enfant	*the child's dog (one dog, one child)*
le chien **des** garçons	*the boys' dog (one dog, more than one boy)*
le chien **d'**Anne et **de** Maurice	*Anne and Maurice's dog (one dog, two owners)*

Possessive adjectives (mon, ma, mes)

The words expressing the ideas of ownership match their noun.
They match the gender of the thing owned, not the sex of the owner!
"C'est **mon** livre, c'est **ma** trousse, ce sont **mes** crayons." dit Pierre " Ils sont **à moi!**"
*"It's **my** book, it's **my** pencil case, they're **my** pencils!" says Pierre "They are **mine!**"*

	Masculine Singular	Feminine Singular	Masculine and Feminine Plural	Plural	Meaning
	1 person or thing		2+ persons or things		
1 owner	**mon** père	**ma** mère	**mes** frères	**mes** sœurs	*my*
	ton père	**ta** mère	**tes** frères	**tes** sœurs	*your*
	son père	**sa** mère	**ses** frères	**ses** sœurs	*his*
	son père	**sa** mère	**ses** frères	**ses** sœurs	*her*
2+ owners	**notre** père	**notre** mère	**nos** frères	**nos** sœurs	*our*
	votre père	**votre** mère	**vos** frères	**vos** sœurs	*your*
	leur père	**leur** mère	**leurs** frères	**leurs** sœurs	*their*

Demonstrative adjectives (ce, cet, cette, ces)

There are four words for **this** and **these**.

masculine singular	Je préfère **ce** pullover	*I prefer this pullover*
masculine singular noun with vowel	Je préfère **cet** illustré	*I prefer this magazine*
feminine singular	Je préfère **cette** chemise	*I prefer this shirt*
any plural noun	Je préfère **ces** chaussettes	*I prefer these socks*

Negatives

Two words are usually required in French to turn a positive statement into a negative one. The first one is always **ne** (or **n'** before a vowel or silent **h**). The second one gives the exact meaning.

Je vois	*I see*	+ **ne ... pas**	becomes	Je **ne** vois **pas**	*I **don't** see*
Je réponds	*I answer*	+ **ne ... jamais**	becomes	Je **ne** réponds **jamais**	*I **never** answer*
Je dis	*I say*	+ **ne ... rien**	becomes	Je **ne** dis **rien**	*I say **nothing***
J'entends	*I hear*	+ **ne ... personne**	becomes	Je **n'**entends **personne**	*I hear **no-one*** *I **can't** hear **anybody***

VERBS

Regular verbs

There are three families or groups of verbs which form the patterns for other verbs to follow:

Each one is known by the last two letters of the infinitive, **-er, -ir,** or **-re**.

Regular verbs follow one of these patterns.
Irregular verbs do not, and are in the Verb Table (pages 63-66).

Regular -er verbs

The largest group of regular verbs is the **-er** group. These verbs behave like **regarder**.

Infinitive/Command **Infinitif/Impératif**	**Present** **Présent**	**Perfect** **Passé Composé**
regarder *to look at*	je regard**e**	j'ai regardé
regard**e**	tu regard**es**	tu as regardé
	il/elle regard**e**	il/elle a regardé
regard**ons**	nous regard**ons**	nous avons regardé
regard**ez**	vous regard**ez**	vous avez regardé
	ils/elies regard**ent**	ils/elles ont regardé

Commonly used regular -er verbs include:

aider, aimer, arriver*, chercher, compter, danser, déjeuner, désirer, dessiner, détester, donner, durer, écouter, entrer*, fumer, gagner, inviter, jouer, laver, louer, marcher, monter*, montrer, oublier, parler, penser, pleurer, porter, poser, pousser, quitter, réparer, raconter, regarder, rencontrer, rentrer*, réparer, réserver, rester*, retourner*, rouler, sauter, sonner, tomber*, toucher, tourner, traverser, trouver, visiter, voler

Verbs marked * take **être** in the perfect tense.

Regular -ir verbs

A smaller family is the **-ir** group These verbs behave like **finir**.

Infinitive/Command **Infinitif/Impératif**	**Present** **Présent**	**Perfect** **Passé Composé**
finir *to finish*	je fin**is**	j'ai fini
fin**is**	tu fin**is**	tu as fini
	il/elle fin**it**	il/elle a fini
fin**issons**	nous fin**issons**	nous avons fini
fin**issez**	vous fin**issez**	vous avez fini
	ils/elles fin**issent**	ils/elles ont fini

Commonly used regular -ir verbs include: choisir, remplir.

There are also many irregular **-ir** verbs. For some common ones, see the Verb Table, pages 63-66.

Regular -re verbs

The third family is the **-re** group. These verbs behave like **répondre.**

Infinitive/Command **Infinitif/Impératif**	**Present** **Présent**	**Perfect** **Passé Composé**
répondre *to answer* répond**s** répond**ons** répond**ez**	je répond**s** tu répond**s** il/elle répond nous répond**ons** vous répond**ez** ils/elles répond**ent**	j'ai répondu tu as répondu il/elle a répondu nous avons répondu vous avez répondu ils/elles ont répondu

Commonly used regular -re verbs include: attendre, descendre*, entendre, perdre, rendre, vendre

There are also many irregular **-re** verbs. For some common ones, see the Verb Table pages 63-66.

Verbs marked * take **être** in the perfect tense.

Reflexive verbs

These are verbs which describe actions such as washing and getting dressed which people do to themselves. They have an extra pronoun, shown in bold in the example below.

Reflexive verbs behave like **se laver**.

Virtually all of them are **-er** verbs. They are marked with * in the lists to show that they take **être** in the perfect tense.

Infinitive/Command **Infinitif/Impératif**	**Present** **Présent**	**Perfect** **Passé Composé**
se laver *to get washed* lave-**toi** lavons-**nous** lavez-**vous**	je **me** lave tu **te** laves il/elle **se** lave nous **nous** lavons vous **vous** lavez ils/elles **se** lavent	je **me** suis lavé(e) tu **t'**es lavé(e) il **s'**est lavé elle **s'**est lavée nous **nous** sommes lavé(e)s vous **vous** êtes lavé(e)(s) ils **se** sont lavés elles **se** sont lavées

Vous has four forms of the past participle, because **vous** can refer to one person (masculine or feminine), or a group of people (masculine or feminine).
The four forms are: lavé (ms), lavée (fs), lavés (mpl), lavées (fpl)

Commonly used reflexive verbs include:
s'amuser*, s'appeler* †, s'arrêter*, s'asseoir* *irreg*, se baigner*, se coucher*, se dépêcher*, se déshabiller*, s'habiller*, s'intéresser* à, se laver*, se lever* †, se promener* †, se trouver*

† See page 60

Regular -er verbs with variations (marked † elsewhere in the book)

Some of the frequently used **-er** verbs have variations from the usual present tense pattern:

- **manger** and other verbs ending in **-ger** need an extra -**e**- in the **nous** form:

Example:	je mange	nous mang**e**ons
	tu manges	vous mangez
	il/elle mange	ils/elles mangent

Commonly used verbs of this type include: changer, loger, nager, obliger, partager, voyager

- **commencer** and other verbs ending in **-cer** need a cedilla in the **nous** form:

Example:	je commence	nous commen**ç**ons
	tu commences	vous commencez
	il/elle commence	ils/elles commencent

Commonly used verbs of this type include: avancer, lancer, placer, prononcer, remplacer

- **s'appeler*** doubles the **l** where there are silent endings:

Example:	je m'appe**lle**	nous nous appelons
	tu t'appe**lles**	vous vous appelez
	il/elle s'appe**lle**	ils/elles s'appe**llent**

- **jeter** doubles the **t** where the endings are silent:

Example:	je je**tte**	nous jetons
	tu je**ttes**	vous jetez
	il/elle je**tte**	ils/elles je**ttent**

- Verbs like **lever** add accents where the ending is silent:

Example:	je l**è**ve	nous levons
	tu l**è**ves	vous levez
	il/elle l**è**ve	ils/elles l**è**vent

Commonly used verbs of this type include: acheter, geler, se lever*, se promener*

- Verbs like **préférer** change the final accent from **é** to **è** for a silent ending:

Example:	je pré**f**è**re**	nous préférons
	tu pré**fè**res	vous préférez
	il/elle pré**fè**re	ils/elles pré**fè**rent

Commonly used verbs of this type include: espérer, répéter

- **envoyer** and other verbs ending in **-yer** change the **y** to **i** with a silent ending:

Example:	j'envo**i**e	nous envoyons
	tu envo**i**es	vous envoyez
	il/elle envo**i**e	ils/elles envo**i**ent

Commonly used verbs of this type include: employer, essayer, nettoyer, payer

These verbs are marked † in the lists to show that they are slightly different from regular **-er** verbs

The perfect tense

This is the tense which is used in **conversation** and in **letters** to describe:

- an action in the past which has been completed
- an action in the past which happened on one occasion only

The perfect tense has two parts:

- the auxiliary verb, which is the present tense of either:
  avoir (see page 63) or **être** (see page 64)
- and the past participle.

Example: il a mangé il a bu il est allé

Perfect tense with avoir

To form the past participles of **regular verbs**, remove the final two letters (**-er, -ir, -re**) from the infinitive and add -**é**, -**i** or -**u** to the remaining stem:

regarder becomes **regardé** **finir** becomes **fini** **répondre** becomes **répondu**

The past participles of **irregular verbs** have to be looked up in the Verb Table (pages 63-66), then learnt. Irregular verbs are marked *irreg* in the lists and can be found in the Verb Table.

Perfect tense with être

Not all verbs take **avoir.** There are 16 common verbs which form the perfect tense with **être** as the auxiliary. Most of them can be remembered in groups which are opposite (or nearly opposite) in meaning.

These verbs are marked * in the lists to show that they take être in the perfect tense

arriver	**d**escendre	**v**enir	**e**ntrer	**n**aître	**t**omber
partir	monter	revenir	rentrer	mourir	rester
		aller	sortir	devenir	retourner

When they are arranged in this order, the initial letters of the first verb in each group spell the word **a d v e n t** - it might help in remembering them!

The important point with the verbs which take être is that the past participle must agree with the subject:

	Masculine	Feminine
je suis	venu	venu**e**
tu es	venu	venu**e**
il est	venu	
elle est		venu**e**
on est	venu	
Chris est	venu **(boy)**	venu**e** **(girl)**
nous sommes	venu**s**	venu**es**
vous êtes	venu**(s)****	venu**e(s)****
ils sont	venu**s**	
elles sont		venu**es**
les enfants sont	venu**s**	

** depending on whether *vous* is masculine or feminine, singular or plural

Reflexive verbs also take **être** in the perfect tense and are marked * in the lists.

Tu? Vous? Il? Elle? On? Ils? Elles?

- **Tu** is used when speaking to **one** person you know well, to a member of the family, to a child or to a pet.

- **Vous** is used when speaking to **two** or more people or pets.
  Vous is also used when speaking to **one adult** you do not know very well.

- **Il** and **elle** can mean **it** when referring to masculine or feminine nouns.

- **On** has a variety of meanings: **we, one, they, you, people, someone**.

- **Ils** is used for **they** when **all** the nouns referred to are masculine
  or when there is a group of nouns, **one** of which is masculine

- **Elles** is used for **they** when speaking of 2+ girls or women
  or when **all** the nouns in a list are feminine.

Irregular verbs

Infinitive/Command **Infinitif/Impératif**	**Present tense** **Présent**	**Perfect tense** **Passé Composé**
aller* *to go* va allons allez	je vais tu vas il va elle va nous allons vous allez ils vont elles vont	je suis allé(e) tu es allé(e) il est allé elle est allée nous sommes allé(e)s vous êtes allé(e)(s) ils sont allés elles sont allées
apprendre *to learn* apprends apprenons apprenez	j'apprends tu apprends il/elle apprend nous apprenons vous apprenez ils/elles apprennent	j'ai appris tu as appris il/elle a appris nous avons appris vous avez appris ils/elles ont appris
s'asseoir* *to sit down* assieds-toi asseyons-nous asseyez-vous	je m'assieds tu t'assieds il s'assied elle s'assied nous nous asseyons vous vous asseyez ils s'asseyent elles s'asseyent	je me suis assis(e) tu t'es assis(e) il s'est assis elle s'est assise nous nous sommes assis(es) vous vous êtes assis(e)(es) ils se sont assis elles se sont assises
avoir *to have* aie ayons ayez	j'ai tu as il/elle a nous avons vous avez ils/elles ont	j'ai eu tu as eu il/elle a eu nous avons eu vous avez eu ils/elles ont eu
boire *to drink* bois buvons buvez	je bois tu bois il/elle boit nous buvons vous buvez ils/elles boivent	j'ai bu tu as bu il/elle a bu nous avons bu vous avez bu ils/elles ont bu
descendre* *to go down* descends descendons descendez	je descends tu descends il descend elle descend nous descendons vous descendez ils descendent elles descendent	je suis descendu(e) tu es descendu(e) il est descendu elle est descendue nous sommes descendu(e)s vous êtes descendu(e)(s) ils sont descendus elles sont descendues

Infinitive/Command **Infinitif/Impératif**	**Present tense** **Présent**	**Perfect tense** **Passé Composé**
devoir *to have to*	je dois tu dois il/elle doit nous devons vous devez ils/elles doivent	j'ai dû tu as dû il/elle a dû nous avons dû vous avez dû ils/elles ont dû
dire *to say, tell* dis disons dites	je dis tu dis il/elle dit nous disons vous dites ils/elles disent	j'ai dit tu as dit il/elle a dit nous avons dit vous avez dit ils/elles ont dit
dormir *to sleep* dors dormons dormez	je dors tu dors il/elle dort nous dormons vous dormez ils/elles dorment	j'ai dormi tu as dormi il/elle a dormi nous avons dormi vous avez dormi ils/elles ont dormi
écrire *to write* écris écrivons écrivez	j'écris tu écris il/elle écrit nous écrivons vous écrivez ils/elles écrivent	j'ai écrit tu as écrit il/elle a écrit nous avons écrit vous avez écrit ils/elles ont écrit
être *to be* sois soyons soyez	je suis tu es il/elle est nous sommes vous êtes ils/elles sont	j'ai été tu as été il/elle a été nous avons été vous avez été ils/elles ont été
faire *to do, make* fais faisons faites	je fais tu fais il/elle fait nous faisons vous faites ils/elles font	j'ai fait tu as fait il/elle a fait nous avons fait vous avez fait ils/elles ont fait
lire *to read* lis lisons lisez	je lis tu lis il/elle lit nous lisons vous lisez ils/elles lisent	j'ai lu tu as lu il/elle a lu nous avons lu vous avez lu ils/elles ont lu

Infinitive/Command **Infinitif/Impératif**	**Present tense** **Présent**	**Perfect tense** **Passé Composé**
mettre *to put* mets mettons mettez	je mets tu mets il/elle met nous mettons vous mettez ils/elles mettent	j'ai mis tu as mis il/elle a mis nous avons mis vous avez mis ils/elles ont mis
offrir *to offer* offre offrons offrez	j'offre tu offres il/elle offre nous offrons vous offrez ils/elles offrent	j'ai offert tu as offert il/elle a offert nous avons offert vous avez offert ils/elles ont offert
ouvrir *to open* ouvre ouvrons ouvrez	j'ouvre tu ouvres il/elle ouvre nous ouvrons vous ouvrez ils/elles ouvrent	j'ai ouvert tu as ouvert il/elle a ouvert nous avons ouvert vous avez ouvert ils/elles ont ouvert
partir* *to leave* pars partons partez	je pars tu pars il part elle part nous partons vous partez ils partent elles partent	je suis parti(e) tu es parti(e) il est parti elle est partie nous sommes parti(e)s vous êtes parti(e)(s) ils sont partis elles sont parties
pouvoir *to be able to*	je peux (puis-je?) tu peux il/elle peut nous pouvons vous pouvez ils/elles peuvent	j'ai pu tu as pu il/elle a pu nous avons pu vous avez pu ils/elles ont pu
prendre *to take* prends prenons prenez	je prends tu prends il/elle prend nous prenons vous prenez ils/elles prennent	j'ai pris tu as pris il/elle a pris nous avons pris vous avez pris ils/elles ont pris
sortir* *to go out* sors sortons sortez	je sors tu sors il sort elle sort nous sortons vous sortez ils sortent elles sortent	je suis sorti(e) tu es sorti(e) il est sorti elle est sortie nous sommes sorti(e)s vous êtes sorti(e)(s) ils sont sortis elles sont sorties

Infinitive/Command **Infinitif/Impératif**	**Present tense** **Présent**	**Perfect tense** **Passé Composé**
venir* *to come* viens venons venez	je viens tu viens il vient elle vient nous venons vous venez ils viennent elles viennent	je suis venu(e) tu es venu(e) il est venu elle est venue nous sommes venu(e)s vous êtes venu(e)(s) ils sont venus elles sont venues
voir *to see* vois voyons voyez	je vois tu vois il/elle voit nous voyons vous voyez ils/elles voient	j'ai vu tu as vu il/elle a vu nous avons vu vous avez vu ils/elles ont vu
vouloir *to wish, want* veuille veuillons veuillez	je veux tu veux il/elle veut nous voulons vous voulez ils/elles veulent	j'ai voulu tu as voulu il/elle a voulu nous avons voulu vous avez voulu ils/elles ont voulu

DATE	HOMEWORK

La France

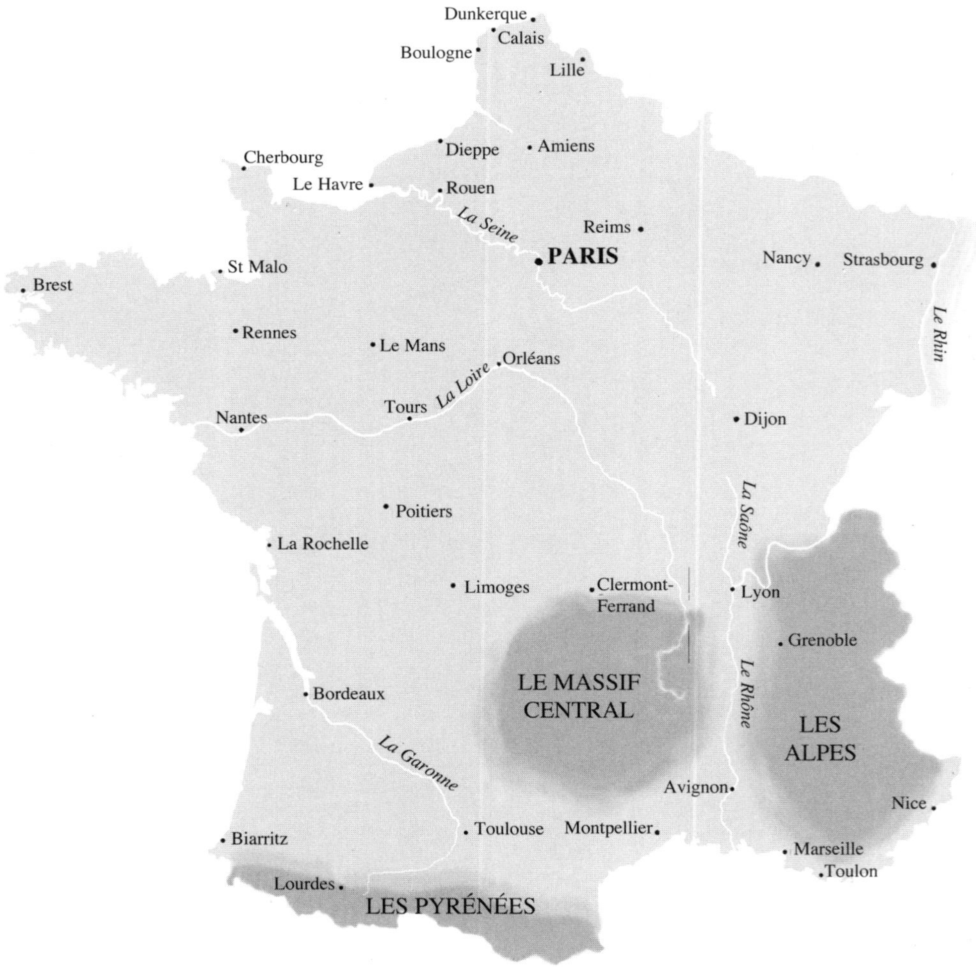
Dunkerque
Calais
Boulogne
Lille
Dieppe
Amiens
Cherbourg
Le Havre
Rouen
La Seine
Reims
PARIS
Nancy
Strasbourg
St Malo
Brest
Le Rhin
Rennes
Le Mans
Orléans
La Loire
Tours
Nantes
Dijon
La Saône
Poitiers
La Rochelle
Limoges
Clermont-Ferrand
Lyon
Grenoble
LE MASSIF CENTRAL
Le Rhône
Bordeaux
LES ALPES
La Garonne
Avignon
Nice
Biarritz
Toulouse
Montpellier
Marseille
Toulon
Lourdes
LES PYRÉNÉES